Annette Kunow

Projektmanagement
und Technisches Coaching

Annette Kunow

Projektmanagement und Technisches Coaching

Faktenwissen und Schlüsselqualifikationen für das Projektteam

2., neu bearbeitete und erweiterte Auflage

 Hüthig Verlag Heidelberg

Diejenigen Bezeichnungen von im Buch genannten Erzeugnissen, die zugleich eingetragene Warenzeichen sind, wurden nicht besonders kenntlich gemacht. Es kann also aus dem Fehlen der Markierung ™ oder ® nicht geschlossen werden, dass die Bezeichnung ein freier Warenname ist. Ebensowenig ist zu entnehmen, ob Patente oder Gebrauchsmusterschutz vorliegen.

Liste der Warenzeichen

Microsoft Project 2000® ist ein Produkt der Microsoft® Corp., U. S. A.
Microsoft Windows NT, Microsoft Windows 98, Microsoft Exchange, Microsoft Schedule+, Desktop Information Manager, Microsoft Outlook™, Microsoft Word, Microsoft Excel, Microsoft Personal Web Server, Microsoft SQL Server™, Corel Draw™ 7, Oracle, Visual Basic® und ähnliche sind entweder eingetragene Marken oder Marken der Microsoft Corp. und/oder anderer Unternehmen in den Vereinigten Staaten und/oder in anderen Ländern.

Mind Manager Version 2002, Mindjet LLC.

Autorin und Verlag haben alle Texte und Abbildungen mit großer Sorgfalt erarbeitet. Dennoch können Fehler nicht ausgeschlossen werden. Deshalb übernehmen weder die Autorin noch der Verlag irgendwelche Garantien für die in diesem Buch gegebenen Informationen. In keinem Fall haften Autorin oder Verlag für irgendwelche direkten oder indirekten Schäden, die aus der Anwendung dieser Informationen folgen.

ISBN 3-7785-2918-8

© 2005 Hüthig GmbH & Co. KG Heidelberg
Printed in Germany
Satz: Strassner ComputerSatz, Leimen
Druck und Bindung: J. P. Himmer GmbH & Co. KG, Augsburg
Titelbild: Annette Kunow. Das Ereignis, 1996
Umschlaggestaltung: R. Schmitt, Lytas, Mannheim

Vorwort

Durch die sehr schlanken Hierarchien in den heutigen Unternehmen wird die gezielte Steuerung auch von kleineren Projekten und die gekonnte Menschenführung zum Gradmesser des Projekterfolges. Das Zusammenspiel dieser Faktoren und die Anforderungen an den Projektleiter sind das Thema dieses Fachbuches.

Um ein Projekt erfolgreich zu machen, muss das Projekt nicht nur erfolgreich zum Ziel geführt werden, sondern es muss von vornherein das „richtige" Projekt ausgewählt werden. Dazu benötigen Projektleiter Marketingkenntnisse, die anhand eines Beispiels erläutert werden.

Ein weiterer wichtiger Faktor ist die Führung der Projektmitarbeiter. Dazu muss der Projektleiter eine gute Menschenkenntnis und Führungsqualitäten besitzen und diese gezielt zur Lösung von möglichen Konflikten einsetzen können.

Das Zusammenspiel dieser Themen wird ausführlich beschrieben. Anhand von aktuellen Beispielen aus der Praxis werden dem Projektleiter praktische Anleitungen gegeben, um sein Projekt erfolgreich zu steuern. Übungen vermitteln und vertiefen das Gelernte.

Natürlich gibt es eine Diskrepanz zwischen Theorie und Praxis. Es ist klar, dass Vorgänge in der Praxis nicht alle exakt umsetzbar sind, – auch weil Projektleiter häufig fremdbestimmt sind. Trotzdem ist es außerordentlich wichtig, dass sich jeder Projektleiter dieser Zusammenhänge bewusst ist, um Projekte erfolgreich zu steuern.

In dieser Auflage ist das Zeit- und Prioritätenmanagement neu hinzugekommen. Dort gibt es in der Praxis oft große Missverständnisse, die geklärt werden müssen. Ein kurzer Einblick wird zum Konfliktmanagement gegeben. Besonders die Kenntnis um das Entstehen von Konflikten hilft, Konflikte im Frühstadium zu erkennen, bzw. zu gestalten oder zu verhindern.

Der Coachingteil wird bewusst vom Standpunkt des Praktikers und nicht des Psychologen gesehen und kann deshalb die einschlägige Literatur nicht ersetzen.

Das Thema Konflikte wird dann noch einmal mit den Werkzeugen zur Ideenfindung und Problemlösung vertieft. Dort wird anhand von Beispielen gezeigt, wie Kreativität gefordert wird und eine effiziente Kommunikation im Projekt abläuft.

Durch Checklisten und Leerformulare werden Anregungen gegeben, sich für das eigene Projekt entsprechende Unterlagen zu erstellen.

Zum Schluss wird ein kurzer Einblick in das Programm Microsoft Project 2000® gegeben, das häufig für kleinere und mittlere Projekte verwendet wird.

Das vorliegende Buch „Projektmanagement und Coaching" ist aus der praktischen Arbeit in der Industrie, den Vorlesungen an der Fachhochschule Bochum sowie Seminaren in der Industrie entstanden.

Die Zielgruppe sind Praktiker in der Industrie und Studierende aller Disziplinen, die in diesen Bereichen als Projektleiter arbeiten wollen.

Die Verfasserin bedankt sich bei ihren Mitarbeitern und Studierenden für deren wertvolle Beiträge, sowie ihren Kollegen für die Anregungen und Hinweise bei der Durchsicht des Manuskripts. Dem Verlag dankt die Verfasserin für die hervorragende Zusammenarbeit.

Bochum, im Herbst 2004   *Prof. Dr.-Ing. Annette Kunow*

Inhaltsverzeichnis

1 Einführung

Der erste Schritt ist

die Hälfte des Weges.

1.1 Ziele dieses Projektmanagement-Buches

Jeder Mensch führt tagtäglich Projekte durch. Eine Studentin führt im Rahmen einer Studienarbeit ein Projekt aus. Ein Handwerker führt ein Projekt aus, um einen Kundenauftrag zu erfüllen. Ein Gastgeber führt projektähnliche Gesellschaftsereignisse durch. Alle können aus derselben Theorie des *Projektmanagements* Nutzen ziehen, die von Ingenieuren, Teamleitern und Auftragnehmern angewendet wird. Die Prinzipien sind dabei immer die gleichen.

Dieses Buch hilft Ihnen, Ihre Projekte erfolgreich oder noch erfolgreicher durchzuführen. Es setzt keinerlei Vorkenntnisse aus Management oder Technik voraus.

Das Buch wird Sie von Anfang bis Ende eines *Projektzyklus* führen und die wesentlichen *Projektphasen* und *-probleme* ansprechen:

> – die *Projektdefinition*
>
> – die *Projektplanung*
>
> – die *Projektorganisation*
>
> – die *Projektdurchführung*
>
> – den *Projektabschluss*
>
> – die *Projektmanagement-Software*

Durch zahlreiche Fragebögen, Checklisten und Übungen wird der Inhalt vertieft und der sofortige Einsatz in der Praxis ermöglicht. Die Auflistung der einschlägigen, zitierten Literatur ermöglicht eine Vertiefung des Buchinhalts.

Aber genauso wichtig wie die Strukturierung eines Projektes ist die *Menschenführung* im *Projektteam*. Dazu muss der Projektleiter sehr gute *Menschenkenntnis* und *Führungsqualitäten* besitzen und diese gezielt zur Lösung von möglichen *Konflikten* einsetzen können.

1.2 Ihre eigenen Lernziele

Da die Definition des (Projekt-) Ziels immer am Anfang eines Projektes steht, ist auch für das Projekt „Erarbeitung des Inhalts eines Lehrbuches" eine Zieldefinition notwendig.

Die Zieldefinition hat zwei unterschiedliche Komponenten. Zum einen wird durch die Umfangsbeschreibung, hier zum Beispiel durch die Inhaltsangabe, ein *Lehrziel* definiert, zum anderen kann sich jeder Leser selbst sein eigenes Lernziel setzen, indem er sich zum Beispiel mit Hilfe von Tabelle 1.1 die Erarbeitung einer neuen Projektmanagement-Fähigkeit zum Ziel setzt.

Das Setzen eines eigenen Lernziels hat zwei wesentliche Vorteile: während der Lektüre ermöglicht Ihnen Ihr eigenes Lernziel, das Gesamtziel des Buches im Auge zu behalten, und wenn Sie das Ziel dann tatsächlich erreichen, haben Sie ein Gefühl der Bestätigung und Befriedigung.

Auf Vorgehensweisen, wie man Ziele allgemein, also auch *Projektziele*, möglichst genau definiert und formuliert, wird in Kapitel 3 und schließlich in Kapitel 9 ausführlich eingegangen.

In der Tabelle 1.1 werden zum Beispiel einige Möglichkeiten aufgezeigt, die Sie im Projektmanagement & Coaching lernen können. Es werden alle Facetten des Themas angesprochen, die rein sachlichen, aber auch die zwischenmenschlichen. Beide Aspekte haben in der Praxis in etwa denselben Anteil.

Diese Aspekte werden dort angesprochen, wo sie im Projektverlauf auftreten, zum Beispiel „Konflikte bewältigen" in der Projektdurchführung etc.

Tabelle 1.1: Mögliche Projektmanagement- und Coaching-Fähigkeiten; kreuzen Sie die für Sie wichtigsten Lernziele (maximal 5) an; welche der aufgeführten Fähigkeiten möchten Sie besonders verbessern.

Indem ich dieses Projektmanagement und Coaching-Buch lese, lerne ich	
Projekte von Anfang bis Ende zu organisieren	☐
Pläne zu strukturieren, die dem Projektdruck standhalten werden	☐
Vorgesetzte und Mitarbeiter von meinen Plänen zu überzeugen, um ihre Unterstützung zu gewinnen	☐
klar bewertbare Projektziele zu erstellen	☐
Mitarbeiter zu führen	☐
Mitarbeiter bei Problemen zu unterstützen	☐
vorhandene Ressourcen zu planen und optimal zu nutzen	☐
ein Projekt im vorgegebenen Budget- und Zeitrahmen zu organisieren	☐
Zeit- und Geldverschwendung zu eliminieren	☐
Fortschritt und Leistung eines Projektes zu messen	☐
Informationssysteme (Projektmanagement-Software) sinnvoll einzusetzen	☐
Veränderungen im Projektablauf erfolgreich umzusetzen	☐
Konflikte frühzeitig zu erkennen und zu lösen	☐
Projektziele umfassend zu definieren	☐

2 Was ist Projektmanagement?

2.1 Entstehung des Projektmanagements

Das Konzept des *Projektmanagements* als Disziplin wurde in den frühen 60er Jahren entwickelt, um das amerikanische Raumfahrtprogramm durchzuführen. Heute werden auch kleinere Unternehmungen, wie schon in Kapitel 1 erwähnt, als Projekte definiert.

Das Projektmanagement konzentriert sich immer auf *ein* Projekt.

Dabei wird der Begriff *Projekt* wie folgt definiert.

Ein Projekt

- ist zeitlich begrenzt,
- hat ein definiertes Ziel,
- weist eine gewisse Einmaligkeit auf,
- muss in der Regel in Teilprojekte und Einzelaktivitäten untergliedert werden (Komplexität),
- ist im Allgemeinen mit einem Risiko behaftet,
- erfordert die Zusammenarbeit von Spezialisten aus unterschiedlichen Bereichen für unterschiedliche Zeiträume,
- erfordert eine Projektleitung.

Das Projekt ist also eine Unternehmung mit klarer *Zielsetzung* und *festem Anfang* und *Ende*, das *einmalig* (*azyklisch*) abläuft. Es hat eine *Aufgabenstellung* (*Zielsetzung*), die im Rahmen bestimmter *Budget-*, *Zeitplan-* und *Qualitätsziele* ausgeführt wird.

Die Fähigkeiten und Talente der *Mitarbeiter*, die ganz oder teilweise an diesem Projekt mitarbeiten, aber auch andere *Einrichtungen* (Unternehmen, Institutionen etc.) und *Sachen*, wie Werkzeuge, Geräte, Systeme und Verfahren, und natürlich auch *finanzielle Mittel*, nämlich das zur Verfügung stehende Geld sind die *Ressourcen* eines Projektes.

Ein Projekt zeichnet sich im Allgemeinen durch eine gewisse *Komplexität* aus. Die Komplexität wird in der Definition der heutigen DIN-Norm allerdings nicht mehr erwähnt. Das mag daran liegen, dass dieser Begriff subjektiv bewertbar ist, und/oder dass heute auch kleinere, weniger komplexe Projekte an Bedeutung gewinnen.

Die *Projektdefinition* des **D**eutschen **I**nstituts für **N**ormung e. V. lautet: „Ein Projekt ist ein Vorhaben, das im Wesentlichen durch Einmaligkeit der Bedingungen in ihrer Gesamtheit gekennzeichnet ist, wie zum Beispiel [2.1]

– die Zielvorgabe,

– die zeitlichen, finanziellen, personellen oder andere Begrenzungen,

– die Abgrenzung gegenüber anderen Vorhaben,

– die projektspezifische Organisation."

Unter *Projektmanagement* versteht man nach DIN „die Gesamtheit von *Führungs-aufgaben, -organisation, -techniken* und *-mittel* für die Abwicklung eines Projektes". Begreift man *Führung* weiter als „die Steuerung der verschiedenen Einzelaktivitäten in einem Projekt im Hinblick auf die Projektziele", so wird der Begriff „Projektmanagement" eindeutig definiert. [2.2]

Das heißt also, dass Projektmanagement ein umfassendes *Führungskonzept* ist, das durch einzelne Führungstechniken und -hilfen unterstützt werden kann. Diese Führungstechniken und -werkzeuge werden im Folgenden als Coaching bezeichnet und im Einzelnen ausführlich beschrieben.

Zum *Management* grenzt sich das *Projektmanagement* in zwei Punkten grundlegend ab:

– Das Projektmanagement beschränkt sich auf eine klar umrissene Zeitdauer, während die Planung einer Firmenorganisation meist davon ausgeht, zeitlich unbegrenzt zu bestehen.

– Projekte benötigen Ressourcen häufig nur auf Teilzeitbasis oder in bestimmten Zeiträumen, während permanente Organisationen versuchen, ihre Ressourcen voll über das ganze Arbeitsjahr auszulasten.

Aus dem zweiten Punkt ergeben sich oft *Konflikte* im Unternehmen oder zwischen verschiedenen Abteilungen: häufig gelingt es den *Projektleitern* nur durch großes *Verhandlungsgeschick*, dem Projekt die notwendigen *Ressourcen*, zum Beispiel die fähigsten Mitarbeiter einer Abteilung, zur Verfügung zu stellen.

In den letzten Jahren gewinnt das „*Projektorientierte Unternehmen*" immer mehr an Bedeutung. In ihm wird nicht nur die Produktion von Leistungen für den Kunden oder den Markt als Projekt organisiert, sondern das Projektmanagement wird auch als Mittel des technischen und organisatorischen Wandels im Unternehmen selbst genutzt.

Wegen des starken *Wettbewerbsdrucks* werden heute in vielen Unternehmen die Abläufe so umstrukturiert (*Reengineering*), dass sie ohne Projektmanagement nicht mehr zu bewältigen sind (Bild 2.1). So kommt dem Projektmanagement eine noch größere Bedeutung zu.

2.1 Deutsches Institut für Normung e. V., DIN 69901, Stand August 1987

2.2 Hansel, J./ Lomnitz, G., Projektleiter-Praxis. Erfolgreiche Projektabwicklung durch verbesserte Kommunikation und Kooperation, Springer-Verlag, Berlin, 1987

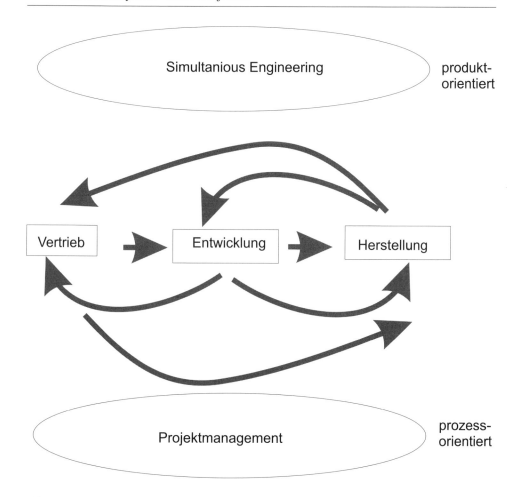

Bild 2.1: *Abläufe im Simultanious Engineering*

2.2 Der „Lebenszyklus" eines Projektes

Jedes Projekt durchläuft einen vorhersehbaren, in *vier Phasen* unterteilten *Lebenszyklus*, der dem Projektleiter in jeder Phase sehr unterschiedliche *Fähigkeiten* abverlangt:

- – 1. Phase: *Konzept* und *Definition* des Projektes
- – 2. Phase: *Planung* des Projektes
- – 3. Phase: *Durchführung* des Planes
- – 4. Phase: *Abschluss* und *Bewertung* des Projektes

Diese einzelnen Phasen werden im Folgenden ausführlich erläutert.

In Übung 2.1 können Sie sich selbst von Ihren Fähigkeiten als Projektleiter überzeugen und ein von Ihnen durchgeführtes Projekt noch einmal durcharbeiten und anschließend bewerten.

Erinnern Sie sich an ein Projekt, das Sie in den vergangenen zwei oder drei Monaten abgeschlossen haben. Es könnte ein Wochenendprojekt zu Hause oder ein berufliches Projekt gewesen sein.

Übung 2.1: *Beantworten Sie in Bezug auf Ihr eigenes Projekt folgende Fragen*

1	Wann hatten Sie die erste Idee für dieses Projekt?
1.1	Wieviel Zeit verging und wie viele Schritte unternahmen Sie zwischen der ersten Idee und einem klaren Konzept?
2	Wie nahmen Sie die Planung in Angriff?
2.1	Entschieden Sie, welches Werkzeug, welche Geräte und Materialien Sie brauchen würden und woher diese zu beziehen sind?
2.1	Planten Sie zusätzliche Hilfe für den Fall ein, dass das Projekt für Sie alleine nicht zu bewältigen sein würde?
3	Ging alles nach Plan, als das Projekt im Gang war?
3.1	Blieben Sie im Budgetrahmen?
3.2	Wurden Sie rechtzeitig fertig?
3.3	Entsprachen die Ergebnisse Ihren Qualitätsmaßstäben?
3.4	Tauchten unerwartete Probleme auf? Falls ja, wie haben Sie sie gelöst?
4	Gab es Arbeitskräfte, die freigestellt oder versetzt werden mussten, als das Projekt beendet war?
4.1	Mussten Werkzeuge und Geräte zurückgegeben werden?
4.2	Gab es überschüssiges Material zu entsorgen?
5	Dachten Sie nach Abschluss des Projektes über die Erfahrungen nach, um Verbesserungsmöglichkeiten für das nächste Projekt zu finden?
5.1	Wenn nicht, nehmen Sie sich jetzt doch ein paar Minuten Zeit, und schreiben einige Verbesserungsvorschläge auf.

Tabelle 2.1: *Projektbeispiel „Badrenovierung"; Ablauf eines durchgeführten Projektes*

1	Wann hatten Sie die erste Idee für dieses Projekt?	Ca. 3 Monate vorher.
1.1	Wieviel Zeit verging und wie viele Schritte unternahmen Sie zwischen der ersten Idee und einem klaren Konzept?	Sehr wenig.
2	Wie nahmen Sie die Planung in Angriff?	Ausmessen der Räumlichkeit, Zeichnung anfertigen, Sanitäreinrichtungen nach Prospekten aussuchen, Maße eintragen, Skizze für die Gegenstände erstellen, Skizze für die Lage der Lampen erstellen, Quadratmeter für Kacheln nach deren Auswahl ausrechnen, Bestellungen aufgeben, soweit notwendig.

Tabelle 2.1: *Fortsetzung*

2.1	Entschieden Sie, welches Werkzeug, welche Geräte und Materialien Sie brauchen würden und woher diese zu beziehen sind?	Allgemeine Rohrmaterialien wurden von den Handwerkern selbst beschafft, die Komponenten der Badezimmerausstattung wurden teilweise zu spät bestellt, da die Lieferzeiten vorher nicht bekannt waren.
2.2	Planten Sie zusätzliche Hilfe für den Fall ein, dass das Projekt für Sie alleine nicht zu bewältigen sein würde?	Ja, zwei Handwerker eines Unternehmers sollten die Baumaßnahme durchführen.
3	Ging alles nach Plan, als das Projekt im Gang war?	Nein, einige Komponenten der Badezimmerausstattung wurden zu spät bestellt und hatten ca. 6 Wochen Lieferzeit. Dazu kamen Sonderanfertigungen (Duschwanne), da sich nach dem Ausbruch andere Maße und Situationen ergaben.
3.1	Blieben die Ergebnisse im Budgetrahmen?	Ja, ca. 5% mehr.
3.2	Wurden Sie rechtzeitig fertig?	Nein, das Projekt musste zwei Wochen unterbrochen werden, weil wichtige Komponenten fehlten.
3.3	Entsprachen die Ergebnisse Ihren Qualitätsmaßstäben?	Ja.
3.4	Tauchten unerwartete Probleme auf? Falls ja, wie haben Sie sie gelöst?	Das Abwassersystem reichte für die Toilettenanlage nicht aus und musste durch eine Pumpenanlage verbessert werden. Nach dem Einbau wurde festgestellt, dass das gesamte System incl. Geruchsverschluss leer gesaugt wird. Es muss noch korrigiert werden.
4	Gab es Arbeitskräfte, die freigestellt oder versetzt werden mussten, als das Projekt beendet war?	Die Arbeitskräfte konnten in der Pause und danach nahtlos an anderen Projekten des Unternehmers arbeiten.
4.1	Mussten Werkzeuge und Geräte zurückgegeben werden?	Die Werkzeuge und Geräte wurden sofort in anderen Projekten eingesetzt.
4.2	Gab es überschüssiges Material zu entsorgen?	Abfallmaterial wurde kontinuierlich entsorgt. Da das Problem mit dem Absaugen noch besteht, wurden Kacheln zurückbehalten, falls welche bei der Reparatur kaputt gehen. Sie lagern jetzt im Keller.

Tabelle 2.1: Fortsetzung

5	Dachten Sie nach Abschluss des Projektes über die Erfahrungen nach, um Verbesserungsmöglichkeiten für das nächste Projekt zu finden?	Ja, im Wesentlichen hätten die Bestellzeiten der Sanitäreinrichtungen (teilweise bis zu 6 Wochen) im Projekt berücksichtigt werden müssen. Teilweise ist es aber bei der Altbausanierung nicht möglich, weil sich manche Situationen erst nach dem Abbruch zeigen und dann neu geplant werden müssen: die Duschwanne wurde schließlich von Hand gemauert, die Duschkabine bestellt, die Pumpanlage wurde erst nach langem Suchen für das vorhandene Toilettensystem gefunden und war dementsprechend etwas teurer.
5.1	Wenn nicht, nehmen Sie sich jetzt doch ein paar Minuten Zeit, und schreiben einige Verbesserungsvorschläge auf.	Ein Sanitärfachmann hätte diese Maßnahmen sicher besser vorausgesehen. In diesem Fall war das Problem nicht gravierend, da die Mitarbeiter kurzfristig an einer anderen Aufgabe arbeiten konnten. Dies wurde nach der Feststellung, dass eine Pause eintreten würde, gezielt eingeplant. Mit den Schwierigkeiten bei der Toilettenanlage war vorab nicht zu rechnen. Der ursprünglich vorgesehene Einbau wäre viel aufwendiger und teurer gewesen, so dass dies die bessere Alternative war. Ein Glück war, dass es für die Umbauwochen ein Ausweichquartier gab. Hätte die Wohnung bewohnbar bleiben müssen, wäre diese Baumaßnahme so nicht durchführbar gewesen.

Sehr wichtig ist die abschließende *Bewertung* des Projektes. Dies wird auch in Kapitel 7 ausführlicher beschrieben. Aus den gemachten Fehlern lassen sich erst so Erfahrungen für zukünftige Projekte herleiten.

2.3 Die Projektparameter

Während der *Projektdauer* hat der Projektleiter drei wichtige Parameter zu beachten:

- Qualität

- Kosten

- Zeit.

Ein *erfolgreich geführtes Projekt* wird *am oder vor dem Fälligkeitstermin*, im *Budgetrahmen* und mit den vorgegebenen *Qualitätsstandards* abgeschlossen sein.

Jeder dieser *Projektparameter* wird in der *Planungsphase* genau festgelegt. Mit diesen Parametern ergibt sich dann daraus während der *Durchführungsphase* die Grundlage für die *Überwachung* des *Projektablaufs* (Tabelle 2.2).

Tabelle 2.2: Projektparameter; Grundlagen für die Überwachung des Projektablaufs

Projektparameter		Definition und Kontrolle durch
Qualität	➡	Spezifikationen
Kosten	➡	Budget
Zeit	➡	Zeitplan, Termine

Vereinbarung von Spezifikationen

Um die *Qualität* eines Projektes bewerten zu können, müssen *Spezifikationen* erstellt werden, die den erfolgreichen Ausgang des Projektes genau beschreiben. Sie müssen mit dem *Auftraggeber* genau vereinbart werden und als Bestandteil des *Projektvertrages* aufgenommen werden. Der Auftraggeber wird bei *Übergabe/Abnahme* des Projekts diese Merkmale kontrollieren.

Ein solcher Auftraggeber kann eine Fremdfirma oder eine andere Abteilung in demselben Unternehmen sein. Die hier beschriebene Fallstudie ist eine Hallenbaumaßnahme, die im Unternehmen mehr Produktionsraum schaffen soll. In diesem Fall ist der Auftraggeber die Abteilung, die die Halle später nutzen will. Sie stellt die *Qualitätsanforderungen*. Die Betriebsleitung gibt den Kosten- und Zeitrahmen vor.

Im Laufe eines Projektes können sich die Spezifikationen *ändern*. Es liegt nun am Projektleiter sicherzustellen, dass der Auftraggeber die neuen Spezifikationen akzeptiert. Falls ein schriftlicher *Vertrag* besteht, muss er *revidiert* werden, sodass bei der *Inspektion/Abnahme* des Projektresultats keine Missverständnisse über die akzeptierten Parameter entstehen. Parallel dazu muss immer geklärt werden, wer die dabei möglicherweise entstehenden Kosten übernimmt.

Aufstellung des Budgets

Aus den vorhandenen finanziellen Mitteln ergibt sich der *Kostenplan* und damit das *Budget*. Wenn nicht genügend Mittel zur Verfügung stehen, müssen eventuell die *Qualitätsanforderungen* verändert oder *Eigenleistungen* erbracht werden.

Aufstellung eines Zeitplans und der entsprechenden Termine

Aus dem vorgesehenen Zeitpunkt der Fertigstellung des Projekts ergibt sich der *Zeitplan* und damit die *Termine*. Wenn nicht genügend Zeit zur Verfügung steht, müssen eventuell die Qualitätsanforderungen verändert oder Leistungen dazugekauft werden.

Heute und in Zukunft bestimmen aber nicht mehr nur diese drei Parameter das Projekt maßgeblich.

Es kommen noch drei weitere, sekundäre Parameter

  – Ökologie

  – Flexibilität

  – Human Factors

hinzu, die zusammen mit den primären Parametern in Bild 2.2 dargestellt sind.

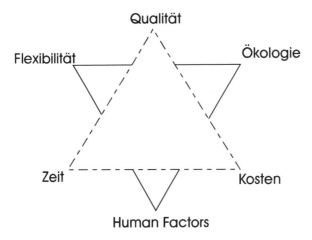

Bild 2.2: *Zielgrößen zur Optimierung von Entwicklungsprojekten*

Diese Parameter sind besonders wichtig bei Entwicklungsprojekten.

Das *Ökologiebewusstsein* und die damit fortschreitende Gesetzgebung führen zu erhöhten Ansprüchen hinsichtlich der *Umweltverträglichkeit* von Projekten.

Das Unternehmen muss heute auf jeden *Kundenwunsch* flexibel reagieren können. Nur so kann die veränderte *Marktsituation* bewältigt werden.

Nur die Berücksichtigung der Human Factors wird die erforderliche *Motivation* und *Identifikation* erreichen, zum Beispiel mit dem Unternehmen, dessen *Organisationsstruktur* und/oder dem durchzuführenden Projekt.

Die Tabelle 2.3 zählt die von einem erfolgreichen Projektleiter benötigten Fähigkeiten auf. Markieren Sie all jene *Fähigkeiten*, die Sie Ihrer Ansicht nach besitzen. Danach markieren Sie diejenigen Fähigkeiten in der zweiten Reihe, in denen Sie sich verbessern möchten. Überlegen Sie dabei auch, welche Fähigkeiten von Ihnen in Ihren Projekten besonders benötigt werden.

Tabelle 2.3: Vom Projektleiter benötigte Fähigkeiten

	Projekte von Anfang bis Ende zu organisieren	☐	☐
	Pläne zu strukturieren, die dem Projektdruck standhalten	☐	☐
	Vorgesetzte und Mitarbeiter von meinen Plänen zu überzeugen und ihre Unterstützung zu gewinnen	☐	☐
	klar bewertbare Projektziele zu erstellen	☐	☐
	Mitarbeiter zu führen	☐	☐
	Mitarbeiter bei Problemen zu unterstützen	☐	☐
	vorhandene Ressourcen planen und optimal zu nutzen	☐	☐
	Zeit- und Geldverschwendung zu eliminieren	☐	☐
	Fortschritt und Leistung eines Projektes zu messen	☐	☐
	Informationssysteme einzusetzen, die den Bedürfnissen des Projektes entsprechen	☐	☐
	Konflikte frühzeitig zu erkennen und zu lösen	☐	☐

2.4 Die „richtigen" Projekte machen

Auch beim Projektmanagement geht es nicht ohne *Marketing.* Vorgesetzte und Mitarbeiter von Plänen zu überzeugen und ihre Unterstützung zu gewinnen, geht nicht ohne Vorarbeit. Die beste *Projektabwicklung,* also „das Projekt richtig machen" nutzt nichts, wenn das falsche Projekt ausgewählt wurde.

Das *„richtige" Projekt* ist es auch dann, wenn die vorhandenen *Ressourcen,* wie zum Beispiel Personal, Material oder finanzielle Mittel, richtig eingesetzt werden können, um das vorgeschlagene Vorhaben zu realisieren. Auch ein noch so interessantes Vorhaben kann wegen einer vorliegenden *Ressourcenknappheit* scheitern!

Die Forderung ist, mit dem ausgewählten Projekt die Ziele des Unternehmens am besten zu realisieren. Die Erfüllung dieser Forderung ist aber nicht immer einfach.

Tatsächlich scheitert diese systematische Auswahl oft an den *Widerständen* in der *Organisation,* zum Beispiel an den so genannten „Erbhöfen". Häufig werden die Projekte nach Gefühl ausgewählt. Das Prestige des Antragstellers, die Orientierung an bereits bekannten, für ähnliche Vorhaben angefallenen Kosten, zum Beispiel an Budgetquoten der Vergangenheit, sind häufig genutzte, aber völlig unzureichende Auswahlverfahren. Es müssen die aktuellen *marktentscheidenden Faktoren* berücksichtigt werden.

Eine einfache Methode ist die Bestimmung *von Erfolgsfaktoren eines Produkts* und das daraus abgeleitete *Produktprofil.* Erfolgsfaktoren sind die Eigenschaften eines Produkts, bzw. der die Produkte anbietenden Organisation, die auf dem Markt die *Wettbewerbsstellung* der Unternehmung wesentlich bestimmen. Der größte Vorteil einer solchen Orientierung an diesen Erfolgsfaktoren ist, dass die *Produktentwicklung* damit eine wichtige Unterstützung bei der *Formulierung des Projektziels* erhält. Außerdem berücksichtigt diese Vorgehensweise wichtige *kaufentscheidende Faktoren.*

Die Zusammenstellung der Erfolgsfaktoren des Projektes, zum Beispiel eine *Produktentwicklung,* wird möglichst mit denjenigen der Konkurrenz verglichen. Damit kennt man den eigenen *Marktvorteil* und Marktnachteil, wenn dieses Entwicklungsprojekt gestartet wird. Tabelle 2.4 zeigt solche *Erfolgsfaktoren* und *Erfüllungsgrade* eines Produkts im Vergleich zum stärksten *Wettbewerber*.

Tabelle 2.4: Erfolgsfaktoren und Erfüllungsgrade einer Produktentwicklung im Vergleich zum stärksten Wettbewerber; ◆◆◆◆ eigenes Unternehmen; ◎◎◎◎ stärkster Wettbewerber

	Erfolgsfaktoren	Erfüllungsgrade schlecht — gut
1	Erfüllung der angegebenen Produktfunktionen	◆◆◆◆ ◎◎◎◎◎◎◎
2	Gute Produktkonzeption	◆◆◆◆◆◆◆◆ ◎◎◎◎◎◎◎
3	Kundengruppenbezogene Produktdifferenzierung	◆◆◆◆ ◎◎◎◎◎◎◎
4	Beratungskompetenz des Vertriebes, bzw. des Verkäufers	◆◆ ◎◎◎◎◎◎◎◎◎◎◎◎◎◎
5	Unterstützung des Kunden bei Planung und Installation	◆◆◆◆◆◆◆◆◆◆◆◆ ◎◎◎◎◎◎◎◎◎◎◎◎◎◎
6	Einsatz von Systemspezialisten	◆◆◆◆ ◎◎◎◎◎◎◎
7	Erfüllung von Sonderanforderungen	◆◆◆◆ ◎◎◎◎◎◎◎
8	Gute Funktionsbeschreibung	◆◆◆◆ ◎◎◎◎◎◎◎
9	Hohe Akzeptanz der Produkte durch den Anwender/ Verbraucher	◆◆ ◎◎◎◎◎◎◎◎◎◎◎◎◎◎
10	Markenname	◆◆◆◆◆◆◆ ◎◎◎◎◎◎◎◎◎◎◎◎◎◎◎◎◎
11	Bekanntheitsgrad der Marke	◆◆◆◆ ◎◎◎◎◎◎◎
12	Hohe Bedeutung der Marktführerschaft	◆◆◆◆◆◆◆ ◎◎◎◎◎◎◎◎◎◎◎◎◎
13	Eigenes Kundennetz	◆◆◆◆ ◎◎◎◎◎◎◎
14	Konzentration auf Hauptkunden	◆◆◆◆ ◎◎◎◎◎◎◎
15	Geringe Störanfälligkeit	◆◆◆◆ ◎◎◎◎◎◎◎
16	Produkt auf dem neuesten Stand der Technik	◆◆◆◆◆◆◆ ◎◎◎◎◎◎◎◎◎◎◎◎◎◎
17	Großer Funktionsumfang	◆◆◆◆◆◆◆ ◎◎◎◎◎◎◎
18	Befriedigung der Sicherheitsbedürfnisse	◆◆◆ ◎◎◎◎◎◎◎
19	Gemeinsame Nachfrage mit anderen Produkten	◆◆◆◆ ◎◎◎◎◎◎◎
20	Wartungsfreundlichkeit	◆◆ ◎◎◎◎◎◎◎

Diese Übersicht zeigt, dass das geplante *Entwicklungsprojekt* in einigen wesentlichen Punkten *Marktnachteile* dem stärksten *Wettbewerber* gegenüber aufzuweisen hat. Erst wenn geklärt ist, ob alle diese Nachteile aufgeholt werden können, kann mit einem erfolgreichen Projekt gerechnet werden.

2.4.1 Fallbeispiel Autoreifen

Bild 2.3 zeigt die kaufentscheidenden Faktoren beim Erwerb von Autoreifen. Die im Käuferurteil wichtigste Eigenschaft ist das Fahrverhalten. Das dargestellte *Eigenschaftsprofil* wurde durch eine vereinfachte *Marketing-Methode* erstellt[2.3].

Deshalb wird die Eigenschaft, die den kaufentscheidenden Faktor enthält, noch detaillierter aufgeschlüsselt (Bild 2.4). Hier entscheidet vor allem die Ganzjahres- und die Nässetauglichkeit als eine vom Kunden hoch bewertete *Produkteigenschaft*.

Aufgrund dieser *Erhebungsdaten*, die einem Produkt zugeordnet sind und die in einem *Entwicklungsprojekt* gestaltet werden können, wird das *Produktprofil* zur Bewertung konstruiert (Tabelle 2.5).

Die angestrebten Ausprägungen der verschiedenen Eigenschaften werden mit den Eigenschaften eines besonders erfolgreichen Produkts der *Konkurrenz* verglichen. Dabei zeigt sich, dass das Projekt 1, das sich vor allem auf die deutliche Verbesserung des vom Kunden geschätzten Fahrverhaltens konzentriert, dem Projekt 2 vorgezogen werden sollte.

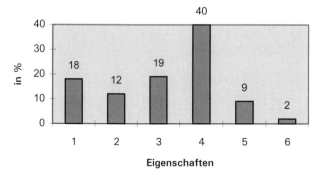

Bild 2.3: *Kaufentscheidende Faktoren beim Erwerb von Autoreifen; 1 Fahreigenschaften; 2 Weiterfahrmöglichkeit; 3 Preis; 4 Fahrverhalten; 5 Markenpräferenz; 6 Optik*

2.3 Schelle, Heinz, Projekte zum Erfolg führen, Beck-Wirtschaftsberater im dtv, München, 2004

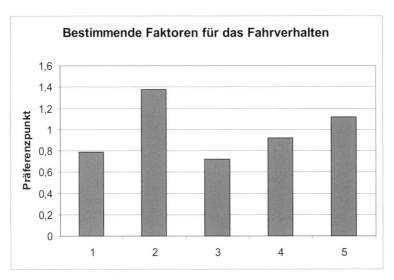

Bild 2.4: *Bestimmende Faktoren für das Fahrverhalten; 1 Durchschnittliches Verhalten auf trockener und nasser Straße; 2 Nässetauglichkeit; 3 Federungskomfort; 4 Lebensdauer; 5 Ganzjahrestauglichkeit*

Tabelle 2.5: *Produktspezifikation zweier verschiedener geplanter Projekte zur Entwicklung von Autoreifen, ❶ Projekt 1; ❷ Projekt 2*

		Vergleich mit Konkurrenz		
Erfolgsfaktoren	**Gewichtung**	schlechter	gleichwertig	besser
Fahreigenschaften	0,18	❶	❷	
Weiterfahrmöglichkeit	0,12	❷		❶
Preis	0,19		❷	❶
Fahrverhalten	0,40		❶	❷
Markenpräferenz	0,09		❶, ❷	
Optik	0,02	❶	❷	

Dafür könnte zum Beispiel ein Projektvergleich durchgeführt werden.

2.4.2 Entscheidungsregeln

Folgende *Entscheidungsregeln* für die *Durchführung* eines Projektes lassen sich aufstellen:

– Bei einem wesentlichen Erfolgsfaktor „*Preis des Produkts*" sollten diejenigen Projekte bevorzugt werden, in denen sich die *Fertigungs-* und späteren *Wartungskosten* reduzieren lassen.

– Bei *Erfolgsfaktoren*, die vom *Kunden honoriert* werden, sollten diejenigen realisiert werden, bei denen die Muss-*Ziele*, also die Ziele, die unbedingt erreicht werden müssen, den wichtigsten Erfolgsfaktoren zuzurechnen sind. Dabei sollte der *stärkste Konkurrent* bei diesen *Leistungsparametern* übertroffen oder mindestens Rückstände ihm gegenüber sollten aufgeholt werden.

Aber auch *kaufmännische Gesichtspunkte* müssen neben anderen Kriterien berücksichtigt werden, wie zum Beispiel

- der erwartete *Return on Investment*, also der Gewinn, bezogen auf die Investition
- die erwartete *Umsatzrendite*
- die prognostizierten *Deckungsbeiträge*.

Dem Investor stehen dabei einige Methoden zur Auswahl des richtigen Projektes zur Verfügung, die jedoch hier nicht im Einzelnen erläutert werden können:

- die Kostenvergleichsrechnung
- die Rentabilitätsrechnung
- die Amortisationsrechnung
- die Kapitalwertmethode
- die Methode des internen Zinsfußes
- die Annuitätenmethode.

Auch der *Auftragnehmer*, der das Projekt durchführen wird, muss sich die Frage stellen, ob er das *„richtige" Projekt* übernimmt, bzw. ob er sich überhaupt um den Auftrag für das Projekt bemühen soll. Da die *Angebotskosten* bis zu *5 %* des Auftragswertes betragen können, muss diese Frage immer äußerst sorgfältig beantwortet werden.

Zur Beurteilung dieser Frage sind die Tabelle 2.6 und die Tabelle 2.7 geeignet, die große Ähnlichkeit mit einer *Risikobeurteilung* (Tabelle 2.8 [2.3]) haben.

Hauptkriterien sind die *Kapazitätsbelastung*, die *Risiken*, die *Wettbewerbschancen* und *Charakteristika des Kunden*, zum Beispiel seine *Bonität*. Diese Kriterien werden weiter in Unterkriterien aufgegliedert.

Das Projekt erhält in jedem Unterkriterium eine Note. Die Skala reicht von 1, sehr schlecht im Vergleich zum Durchschnitt, bis 5, deutlich besser als der Durchschnitt. Das Produkt aus Note mal Gewichtung ergibt eine Punktzahl, die zu einer Gesamtpunktzahl addiert wird. Hier ergeben sich 369 Punkte. Diese wird mit einer Punktzahl verglichen, die sich ergibt, wenn alle Kriterien dem Durchschnitt entsprechen, also Note 3. Das sind 300 Punkte (Tabelle 2.6). Das bewertete Projekt liegt also 23% über dem Durchschnitt und hat gute Voraussetzungen erfolgreich zu werden.

Danach wird das Projekt in den einzelnen *Beurteilungskriterien* so beurteilt, dass anschließend eine Entscheidung über die Übernahme des Projektes getroffen werden kann. In Tabelle 2.7 wird offensichtlich, dass die Gewichtung der einzelnen Kriterien eine bedeutende Rolle bei der *Projektbeurteilung* spielt. Zum Beispiel hat das Projekt eine sehr günstige *Risikobewertung* und eine geringere Bewertung der *Kundenspezifika*.

2.3 Schelle, Heinz, Projekte zum Erfolg führen

Tabelle 2.6: Projektbewertung vor dem Projektbeginn

Kriterien zur Projektbeurteilung	Gewichtung %	Bewertung Note	Pkte.	mittl. Pkte.	Differenz %
A Kapazitätsbelastung					
A1 Angebotserstellung	4	4	16	12	33,3
A2 Abwicklung (Engineering)	6	4	24	18	33,3
A3 Abwicklung (Fertigung)	10	5	50	30	66,7
Gesamt Kapazitätsb.	**20**	**4,33**	**90**	**60**	**50,0**
B Risiken					
B1 Zeit	6	5	30	18	66,7
B2 Technik	9	3	27	27	0,0
B3 Finanzen	6	4	24	18	33,3
B4 Sonstiges	9	3	27	27	0,0
Gesamt Risiken	**30**	**3,75**	**108**	**90**	**20,0**
C Wettbewerbschancen					
C1 Anbietende Firmen	12	2	24	36	-33,3
C2 Stärken/ Referenzen	12	4	48	36	33,3
C3 Auftragschancen	12	3	36	36	0,0
Gesamt Wettbewerbsch.	**36**	**3,00**	**108**	**108**	**0,0**
D Kundenspezifika					
D1 Finanzierungswünsche	7	4	28	21	33,3
D2 Bonität des Kunden	7	5	35	21	66,7
Gesamt Kundenspezifika	**14**	**4,50**	**63**	**42**	**50,0**
Gesamturteil	**100**	**3,9**	**369**	**300**	**23,0**

Tabelle 2.7: Projektbeurteilung

Projektbeurteilung	Note	Gewicht %		Bewertung
A Kapazitätsbelastung	4,33	20	86,6	*****************
B Risiken	3,75	30	112,5	*************************
C Wettbewerbschancen	3,00	36	108	********************
D Kundenspezifika	4,50	14	63	*************

Weiter gibt es sehr anschauliche Methoden mit dem *Portfolio-Ansatz*. Hier werden die zur Auswahl stehenden Projekte nach nur zwei Merkmalen (Dimensionen) beurteilt

     – der wirtschaftlichen und

     – der strategischen Bedeutung des Projektes.

Nur die im schwarzen Bereich des Bildes 2.5 liegenden Projekte haben höchste Priorität und sind wegen ihrer hohen wirtschaftlichen und strategischen Bedeutung auszuwählen. Projekte, die in den schwächer gekennzeichneten Bereichen liegen, haben jeweils mittlere wirtschaftliche, bzw. mittlere strategische Bedeutung. Alle anderen Projekte, die innerhalb der weißen Bereiche liegen, sind entweder wirtschaftlich oder strategisch bedeutungslos.

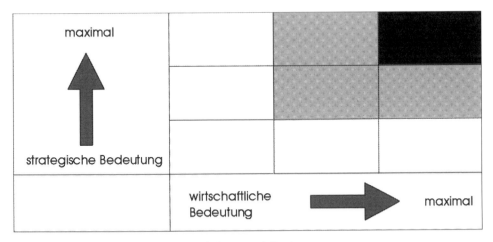

Bild 2.5: *Priorität von Projekten nach dem Portfolio-Ansatz*

Trotzdem kann es Gründe geben, auch ein wirtschaftlich oder strategisch bedeutungsloses Projekt zu bearbeiten. Zum Beispiel, wenn ein neuer Markt erobert werden soll oder die eigenen Ressourcen ausgelastet werden müssen.

2.5 Projektrisiken

Außerdem müssen vor Beginn einer *Projektplanung* die *Risiken* des Projektes abgeschätzt werden, die die Erfüllung des *Projektzieles* gefährden könnten.

Die Liste kann selbstverständlich noch nicht zur detaillierten Identifikation von Risiken verwendet werden. Dafür müssen anschließend die Details der Risiken für jeden Bereich entsprechend spezifiziert werden.

Folgende Fragen helfen, die *Risikobeurteilung* des *Personaleinsatzes* zu erfassen:

- Gibt es kritische Aufgaben, für die noch niemand vorgesehen ist?
- Gibt es Zwänge, bestimmte Mitarbeiter in das Projekt zu übernehmen?
- Gibt es Zwänge, in der frühen *Projektphase* mehr/ weniger Mitarbeiter zu beschäftigen?
- Passen die Mitglieder des *Projektteams* zusammen?
- Haben die Mitglieder des Projektteams realistische Vorstellungen von ihren Aufgabenstellungen?
- Sind die Mitglieder des Projektteams für die ihnen übertragenen Aufgaben wirklich geeignet?

– Stehen die wichtigsten Mitglieder des Projektteams für die voraussichtliche *Projektdauer* zur Verfügung?

– Sind die wichtigsten Mitglieder des Projektteams vollständig für das Projekt abgestellt?

Die Tabelle 2.8, die gleichzeitig bei der Angebotserstellung ausgefüllt werden sollte, listet die möglichen Risiken eines *Entwicklungsprojektes* auf.

Das Durchdenken von Risiken muss systematisch erfolgen, weil viele kleine nachträgliche Korrekturen häufig zu Verschlimmbesserungen führen.

Es gibt unterschiedliche Risikoarten

– das Risiko, das unvermeidlich für alle ist (Unwetter, Krieg),

– das Risiko, das wir uns nicht leisten können,

– das Risiko, das wir uns leisten können.

Das Risiko muss also immer spezifisch bewertet werden. Würde das Unternehmen bei Eintritt des Risikos insolvent werden, kann es zum Beispiel nicht eingegangen werden.

Dafür ist es notwendig Grenzkonditionen festzulegen, wie zum Beispiel die Höhe des Goldpreises oder ähnlich Relevantes für das Projekt. Das muss aber unbedingt schriftlich festgehalten werden, um zum Maßstab zu werden.

Tabelle 2.9 zeigt eine detaillierte Risiko-Checkliste für den Anlagenbau. Jede Branche wird sich spezifische Checklisten gestalten, um das Risiko in den verschiedenen *Projektphasen* zu minimieren. Diese Tabelle wird ab der Angebotsphase verwendet und während des Projektverlaufs weiter aktualisiert.

Im Verlauf eines Projektes können immer wieder neue, noch nicht bekannte Risiken entstehen oder bereits identifizierte Risiken müssen anders bewertet werden. Deshalb werden auch während der Projektdurchführung immer wieder *Risikoanalysen* durchgeführt.

Tabelle 2.8: *Risikobeurteilung eines Projektes*

mögliche Risikofaktoren	Maßnahmen zur Risikobeseitigung
• Personalmangel • Mangel an ausreichend qualifiziertem Personal	• Einkauf von Spezialisten • Teambildung • Training • langfristige Personalplanung, insbesondere der Schlüsselkräfte
• unrealistische Zeitpläne und Budgets	• detaillierte Kosten- und Zeitplanung • Vermeidung von "Luxusfunktionen" • stufenweise Entwicklung (Phasen/ Versionen) • gezielte Nutzung vorhandener, evtl. auch nicht perfekter Ressourcen
• Fehler in der Entwicklung	• Analyse der *Organisation* • Erstellung eines *Prototyps* • Einsatz von *Simulationssoftware* • Einbindung des potentiellen Anwenders • frühzeitige Erstellung von *Pflichtenheften* und Benutzerhandbüchern
• Entwicklung fehlerhafter Schnittstellen der Produkte	• Erstellung eines Prototyps • Einsatz von Simulationssoftware • Analyse der Aufgaben • Einbindung des potentiellen Anwenders
• Ausstattung des Produkts mit überflüssigen Funktionen	• Erstellung eines Prototyps • Einsatz von Simulationssoftware • Einbindung des potentiellen Anwenders • *Kosten-Nutzen-Analysen*
• kontinuierliche Änderungen der Anforderungen durch den Auftraggeber	• vertragliche Festlegung der *Spezifikation* • konsequentes *Änderungsmanagement*
• Mängel bei extern gelieferten oder vergebenen Komponenten	• Einholen von Referenzen • *Festpreisverträge* • konsequente *Eingangskontrolle* • Einbinden der Zulieferer in das Team
• zu hohe Erwartungen an die Möglichkeiten	• *Machbarkeitsstudien* • Erstellung eines Prototyps • *Simulation* mit Hilfe des Prototyps • Einsatz von Simulationssoftware

Tabelle 2.9: Beispiel einer detaillierten Risiko-Checkliste *für den Anlagenbau*

Risiken aus Abhängigkeiten	Ausprägung des Risikos		
	hoch	mittel	gering
Abhängigkeit von Lieferanten			
Müssen Billigfirmen oder einheimische Firmen* eingesetzt werden?			
Führt dies zu erhöhtem Engineering und Überwachungsaufwand?			
Sind unter Berücksichtigung des zusätzlichen Aufwands diese "Billiglösungen" noch wirtschaftlich?			
Schreibt der Kunde Lieferanten vor?			
Hat der Kunde eine umfangreiche Lieferantenliste?			
Kommen Lieferanten, anders als geplant, aus anderen Ländern, zum Beispiel einheimische Lieferanten? Hat dies Konsequenzen?			
Gibt es durch einheimische Lieferanten zusätzliche Sprachprobleme oder ähnliches?			
Besteht eine starke Abhängigkeit von Unterauftragnehmern hinsichtlich Engineering oder Montageleistung?			
Sind mangelnde Termintreue, Qualität und Zuverlässigkeit von Unterlieferanten zu erwarten? Hat dies negative Auswirkungen?			

*zum Beispiel Dritte-Welt-Länder als Auftraggeber

3 Projektdefinition

Ziele suchen

Wege finden

Kleine Schritte gehen

3.1 Ziele der Projektdefinition

Projekte können erst dann konkret bearbeitet und verfolgt werden, wenn klar und bekannt ist, was gewünscht wird.

Um ein Projekt richtig zu definieren, muss das *Projektziel* möglichst umfassend bekannt sein. Es ist immer notwendig, ein Projektziel möglichst genau zu definieren, denn es gilt: „Wer das Ziel nicht kennt, kann den Weg nicht finden."

Nur die Zielklarheit zeigt, ob das, was im Projekt getan wird, überhaupt relevant für das Projektziel und damit den *Projekterfolg* ist.

Es gibt zum Beispiel *Fragetechnike*n, die eine methodische Vorgehensweise für die exakte Zielfindung unterstützen. Diese werden in Kapitel 9 ausführlich beschrieben.

3.2 Der Ursprung von Projekten

Projekte entstehen oft aus nicht sehr konkreten Ideen, die einem eher nebenbei einfallen: „Man müsste doch eigentlich mal...". „Das müsste doch auch mal untersucht werden...". Man sagt schnell ja und ist begeistert und sieht erst später einen Berg von Arbeit auf sich zukommen, den man nicht erwartet hatte.

Deshalb sollte man diese nicht konkreten Ideen erst einmal auf ihre Tragweite und Substanz abklopfen. Man muss die *einzelnen Schritte* möglichst exakt definieren.

Projekte entstehen häufig auch aus Problemen oder Gelegenheiten. Im Berufsleben können sie durch die Betriebsleitung, Kunden oder Mitarbeiter eingeleitet werden, im Studium sind die Urheber Dozenten, Studenten oder die Verwaltung. Ein Projekt wird „geboren", wenn jemand auf ein Problem reagiert oder eine neue Unternehmung starten will. Wenn eine Entscheidung fällt, die Problemlösung oder das Unternehmen in Angriff zu nehmen, existiert ein Projekt.

Und in der Regel wird jemandem die Verantwortung dafür übertragen: dem *Projektleiter*.

Nun können bei jedem Projekt Probleme entstehen, die gezielt umgangen werden müssen. Der Urheber eines Projektes ist sich zumeist unklar über wichtige Aspekte des Projektes. Die *Projektmitarbeiter* tendieren dazu, während der Definitions- und Strukturierungsstadien des Projektes persönliche Standpunkte zu stark zu betonen. Falls derartige persönliche Voreingenommenheiten und Interessensgegensätze unbeachtet bleiben, kann das katastrophale Folgen für das Projekt haben. Diese Aspekte können jedoch durch die Unterredungen und den Meinungsaustausch zwischen dem Projektmanager, dem Kunden und den Mitarbeitern geklärt werden. Mit dem Verstehen der Erwartungshaltungen ist der Projektleiter in der Lage, mit der Definition des Projektes zu beginnen.

3.3 Der Start eines Projektes

Sobald der Kern des *Projektteams* feststeht, ist die Klärung des Projektes die erste Aufgabe, die zu erledigen ist. Unter den Mitarbeitern wird einerseits über die Definition und den Umfang, andererseits über die grundlegende *Strategie* der Abwicklung ein Konsens gebildet. Die folgenden *sieben Schritte* führen zu einem reibungslosen Start des Projektes.

Studieren, Diskutieren und Analysieren

Es ist sehr wichtig, dass das Team ausreichend Zeit mit *Studieren, Diskutieren und Analysieren* des Projektes zubringt, da dies jedem eine klare Vorstellung der Problematik verschafft. Es könnte notwendig sein, Nachforschungen bezüglich der Ansätze in anderen Projekten anzustellen, oder es muss untersucht werden, inwiefern andere Erfahrungsmuster zur Projektplanung beitragen könnten.

Der Sinn dieser Tätigkeit ist die Klärung, dass das *richtige* Problem bzw. die *richtige* Gelegenheit ins Auge gefasst wird.

Das Projekt definieren

Wenn der Projektleiter die Situation im Griff zu haben glaubt, erstellt er eine *vorläufige Projektdefinition*. Diese wird natürlich mit dem Eintreffen neuer Information und den neu gemachten Erfahrungen laufend überarbeitet.

Ein Endziel setzen

Entweder muss das *Endziel* für das Projekt mit Hilfe der Projektdefinition selbst festgelegt werden oder das Endziel ist durch den Auftraggeber von vornherein festgelegt. Dann wird die Machbarkeit mit Hilfe der Projektdefinition überprüft.

Notwendigkeiten und Wünsche auflisten

Zuerst wird eine Liste von den absoluten *Notwendigkeiten* erstellt, die im Endresultat des erfolgreich abgeschlossenen Projektes verwirklicht sein müssen. Danach kann eine zweite Liste die zusätzlichen Wünsche auflisten, deren Verwirklichung zwar nicht unbedingt zum erfolgreichen *Abschluss* des Projektes erforderlich ist, aber ihn vergrößern würde.

Alternativstrategien entwickeln

Zur Lösungsstrategie werden nun *Alternativstrategien* entwickelt, die ebenfalls zum Ziel führen könnten. Um diese Alternativen zu finden, empfiehlt es sich, mit dem Projektteam *Brainstorming*-Sitzungen abzuhalten, um das gesamte kreative Potenzial zu nutzen (Kapitel 9).

Alternativen bewerten

Die Bewertung der so gefundenen und ausgearbeiteten *Alternativstrategien* ist der nächste Schritt. Dabei ist sicherzustellen, dass die gewählten Bewertungskriterien, zum Beispiel eine Marketingstudie oder eine Risikoanalyse, realistisch sind und das Endziel widerspiegeln.

Eine Vorgehensweise wählen

Diese Bewertung erlaubt nun, eine Vorgehensweise *auszuwählen*, die der Projektdefinition sowie dem Endziel am besten entspricht.

Werkzeuge zur Ideenfindung und Problemlösung

Es gibt eine ganze Reihe von Werkzeugen und Hilfsmitteln zur Ideenfindung und Problemlösung:

- Brainstorming
- Wertanalyse
- Mind-Map
- Entscheidungsfindung usw.

Einige dieser Werkzeuge und Methoden werden in Kapitel 9 ausführlich erklärt und diskutiert.

3.4 Machbarkeitsstudie (Feasibility Study)

Bevor ein groß angelegtes Projekt angefangen wird, muss eine *Machbarkeitsstudie (Feasibility Study)* erstellt werden, um die vorläufige Strategie zu überprüfen und natürlich auch, um die grundlegende Frage: „Wird es funktionieren?" zu beantworten. Je nach der Art des Projektes kommt dafür eine der folgenden drei Alternativen in Frage: Sie können eine *Marktstudie*, einen *Pilottest* oder eine *Computersimulation* durchführen.

Die in die Machbarkeitsstudie investierten Mittel müssen natürlich in Proportion zu den für das Projekt vorgesehenen Kosten stehen. So ist für ein Unternehmen, das eine neue Produktionsstätte für € 200 Mio. plant, eine Marktstudie für € 200 000,– eine angemessene Investition, um das Projektrisiko zu untersuchen.

Am anderen Ende der Skala steht zum Beispiel eine Metzgereikette mit einem bestenfalls regionalen Filialnetz, die plant, eine neue Wurstspezialität einzuführen. Die Marktstudie für dieses Produkt beschränkt sich auf einen Test, an dem nur wenige Filialen beteiligt sind. Die Verkaufszahlen einer Woche alleine sind ein gutes Indiz für das Marktpotenzial dieser neuen Delikatesse. Die relativ geringe Investition in die lokale Werbung und die Herstellung selbst liefert die gewünschten Informationen.

3.4.1 Marktstudie

Falls durch das Projekt ein neues Produkt auf den Markt gebracht werden soll, muss sein *Marktpotenzial* erforscht werden. *Marktforschung* fragt die zukünftigen Kunden, ob das Produkt ihre gegenwärtigen tatsächlichen oder potenziell wahrgenommenen Bedürfnisse erfüllt. Es können auch ähnliche Produkte untersucht werden, die sich bereits auf dem Markt befinden, um so Rückschlüsse auf die Chancen des geplanten Produktes zu ziehen.

3.4.2 Pilottest oder Prototyp

Ein *Pilottest* oder der Bau eines *Prototyps* ist ein klein angelegter Probelauf des Projektes. Dabei kann es sich um einen beschränkten Markttest oder um ein 1:100- oder gar ein 1:1-Modell des Produkts handeln. Diese teilweise sehr aufwendigen Tests bieten die Möglichkeit, das Projektergebnis unter realistischen Bedingungen zu analysieren. Das ist bei technischen Neuentwicklungen oft unumgänglich.

3.4.3 Computersimulation

Dank der heutigen Technologien können viele Projekte als *Computermodelle* virtuell dargestellt werden. So kann zum Beispiel das Verhalten eines Produktes aufgrund der Analyse genauestens untersucht werden.

Die statischen Werte von Gebäuden, Brücken usw. werden durch mathematisch-numerische Berechnungen eruiert. Computersimulation wird in so unterschiedlichen Bereichen wie Aero- und Thermodynamik oder optischem und mechanischem Design verwendet. In vielen Fällen assistiert der Computer bei dem eigentlichen Entwurf des Produktes. Hauptzweck der Simulation ist es, potenzielle Probleme schon vor dem Bau eines Prototypen zu erkennen und nicht erst am Prototypen selbst. Dieser wird dann nahezu perfekt sein und keine wesentlichen Änderungen mehr haben. Die Entwicklungszeiten von Neukonstruktionen verkürzen sich dabei drastisch.

3.4.4 Studienresultate verwerten

Falls die Resultate einer gut durchdachten und ausgeführten Machbarkeitsstudie das Projekt begünstigen, kann die detaillierte Planung und Durchführung des Projektes beginnen.

Falls die Resultate entmutigend sein sollten, werden die gewonnenen Daten für eine Überarbeitung des Projektes verwendet, gefolgt von einer weiteren Machbarkeitsstudie. Auch wenn dieser Ablauf öfters wiederholt werden muss, wird letztendlich doch ein erfolgversprechendes *Projektkonzept* entwickelt.

3.5 Testen Sie Ihre Fortschritte

An dieser Stelle sollten Sie kurz innehalten und mit Tabelle 3.1 Ihr bisher über Projekte gewonnenes Wissen rekapitulieren.

Die Auswertung der Tabelle 3.1 befindet sich in Kapitel 11.

Tabelle 3.1: Test zum 3. Kapitel: Welche Aussagen sind richtig oder falsch?

Nr.	Frage	richtig	falsch
1	Ein Projekt ist ein fortlaufendes, bzw. unbegrenztes Unterfangen.	☐	☐
2	Qualität ist bei Projekten nicht wichtig.	☐	☐
3	Der rechtzeitige Abschluss des Projektes ist ein wichtiger Parameter des Projektmanagements.	☐	☐
4	Das Projektteam muss vor Beginn das Projekt klar definieren.	☐	☐
5	Brainstorming ist für das Projektmanagement irrelevant.	☐	☐
6	Es ist unwichtig, den vorgegebenen Budgetrahmen einzuhalten.	☐	☐
7	Die Grundstrategie muss vor der Durchführung des Projektes geprüft werden.	☐	☐
8	Um die Strategie zu prüfen, kann ein Pilottest verwendet werden.	☐	☐
9	Computersimulationen können die Machbarkeit von Projekten nachweisen.	☐	☐
10	Projektmanagement unterscheidet sich kaum von anderen Management-Anwendungen.	☐	☐

4 Projektplanung

Die *Planung* ist für die Projektleitung entscheidend. Alles, was für den erfolgreichen Abschluss des Projektes in Bezug auf die Dimensionen Qualität, Zeit und Kosten nötig ist, muss detailliert festgehalten werden. Jede dieser drei Dimensionen wird im Folgenden mit einigen Hilfsmitteln und Techniken behandelt.

4.1 Planungsschritte

Dazu gehören im Einzelnen folgende *Planungsschritte*:

- Das Ziel des Projektes festlegen.
- Eine grundlegende Strategie auswählen, um das Ziel zu erreichen.
- Das Projekt in *Einzelschritte* unterteilen.
- Die *Leistungskriterien* für jeden Einzelschritt festlegen.
- Die benötigte Zeit für jeden Einzelschritt festlegen.
- Die richtige Reihenfolge für den Abschluss der Einzelschritte festlegen und diese Informationen in einen Zeitplan für das gesamte Projekt übertragen.
- Die Kosten für die Einzelschritte errechnen und das Budget des Projektes bestimmen.
- Den *Personalstrukturplan* mit den dazugehörigen Stellenbeschreibungen festlegen.
- Für das *Projektteam* eventuell notwendige *Mitarbeiterschulungen* festlegen.
- Notwendige *Richtlinien* und *Handlungsweisen* entwickeln (Job Procedure Book).

Es kann passieren, dass diese Schritte wiederholt werden müssen, wenn sich am Ende der Planung herausstellt, dass eine oder mehrere Projektdimensionen überschritten werden, zum Beispiel das Projektbudget.

Es kann am Projektanfang auch sein, dass wichtige Daten und Preise fehlen. Dann müssen sie so realistisch wie möglich geschätzt und als Schätzwerte eingegeben werden. Die korrekten Daten werden dann später in die Planung eingefügt. Dafür benötigt der Projektleiter Erfahrung: seine eigene, die von Spezialisten und die aus anderen früheren Projekten.

4.2 Die drei Projektparameter planen

4.2.1 Die Qualitätsdimension planen

Bei der *Qualitätsplanung* müssen alle Details des Projektes beachtet werden, denn das Ziel dieser Planung ist, die Leistung und Funktionalität des Produktresultats zu garantieren.

Der *Qualitätsplan* legt auch die *Leistungsmerkmale*, bzw. *-kriterien* fest, nach denen das Projektresultat endgültig nach Abschluss bewertet wird.

Um die Qualitätsdimension zu planen, sind drei Dinge erforderlich:

– die *Spezifikationen* für die verwendeten Materialien (Qualität, Sorte),

– die *Leistungsmaßstäbe*, denen entsprochen werden soll, und

– die Verfahren, mit denen die Qualität zu prüfen und sicherzustellen ist.

Zwei Techniken ermöglichen die Qualitätsplanung:

– ein *Strukturplan* und

– die Erstellung von *Projektspezifikationen*.

In der Technik werden dazu schon in der Angebotsphase Kosten- bzw. Pflichtenhefte erstellt, die die Qualität und die Anforderungen des Produktergebnisses beschreiben.

4.2.1.1 Einen Strukturplan erstellen

Der Strukturplan ist der Ausgangspunkt für die Planung aller drei Projektparameter: Qualität, Kosten und Zeit. Das Unterteilen eines Projektes in Einzelschritte oder *Arbeitsabschnitte* beruht auf dieser Technik. Dann sind alle Elemente bekannt, die zum Abschluss des Projektes notwendig sind. Die Möglichkeit, wichtige Schritte zu vergessen oder zu vernachlässigen, wird dadurch minimiert.

Ein Strukturplan gliedert sich im Allgemeinen in zwei Ebenen auf, einer Übersicht und deren Details. Aber je komplexer ein Projekt ist, desto tiefer muss strukturiert werden.

Es werden logische Unterteilungen des Projektes gesucht und diese dann weiter zerlegt. Zum Beispiel wird eine Produktionsanlage in ihre Anlagenteile zerlegt. Das Ziel ist, eigenständige *Arbeitsabläufe* festzuschreiben, die das Projekt seiner Fertigstellung näherbringen.

Bild 4.1 zeigt den Strukturplan der Baumaßnahme einer Maschinenhalle. Darin sind die wichtigsten Bestandteile der Baumaßnahme unterteilt. Damit wird die Struktur des Projektes sichtbar.

Übung 4.1: Wählen Sie das Projekt aus Übung 2.1, das Sie abgeschlossen haben oder abzuschließen planen. Teilen Sie dieses Projekt in Einzelschritte auf und erstellen Sie dann einen Strukturplan, der die Verknüpfungen zwischen diesen Einzelschritten zeigt.

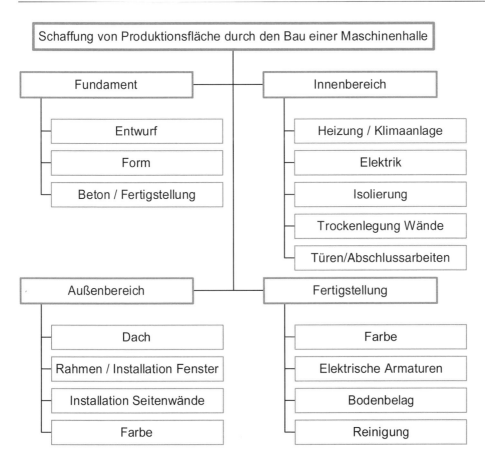

Bild 4.1: *Fallstudie: Hallenbaumaßnahme; Strukturplan; Projektdefinition: Schaffung von Produktionsfläche durch den Bau einer Maschinenhalle; Zeitraum: 3 Monate; Kosten: max. € 175 000.-*

4.2.1.2 Projektspezifikationen erstellen

Ausgehend vom Strukturplan können nun für alle Einzelschritte die Projektspezifikationen (Tabelle 4.1) erstellt werden. Diese beinhalten alle relevanten Anforderungen, um der *Qualitätsdimension* des Projektes zu entsprechen. Zum Beispiel sind dies die verwendeten Materialien, die Leistungskriterien und die entsprechenden Maßnahmen, diese Merkmale zu überprüfen.

Die Aufstellung muss sehr sorgfältig durchgeführt werden, da sie die Grundlage der *Leistungsüberwachung* bei der Projektdurchführung ist und sowohl den Zeitplan als auch das Budget direkt beeinflusst.

Tabelle 4.1: *Fallstudie Baumaßnahme; Beispiel der Projektspezifikation für die Fundamente*

Eine 10 cm dicke Betonplatte über eine kompakte, 15 cm dicke Sandfüllung gießen. Diese mit Bewehrungsmatten laut Statik verstärken. Eine 0,6 mm starke Polyäthylen-Membrane als wasserabweisende Barriere zwischen Sand und Beton auflegen.
Laut Zeichnungen um die Ränder des Fundaments und unter die tragenden Mauern Betonbalken ☐ 30 x 45 cm verlegen. Die Balken mit Bewehrungsstahl $\varnothing$ 6 verstärken, die mit Bügeln $\varnothing$ 3 auf 75 cm starken Mittelteilen in jeder Ecke platziert werden.
Der Beton hat nach 28 Tagen 250 N/mm^2 Festigkeit.

4.2.2 Die Zeitdimension planen

Die Zeitdimension eines Projektes wird untersucht, um den kürzest möglichen *Zeitablauf* und *Zeitraum* für ein Projekt zu finden.

Anhand des Strukturplans wird für jeden Einzelschritt des Projektes die notwendige Zeit ermittelt, zum Teil durch Schätzung, wenn nichts anderes bekannt ist. Danach wird die Reihenfolge dieser Einzelschritte festgelegt, bzw. die Einzelschritte werden herausgesucht, die parallel zueinander laufen können.

Auf der Basis dieser Analyse werden die drei wichtigsten Zeitparameter festgelegt:

> – die Dauer jedes Einzelschrittes,
>
> – den frühesten Zeitpunkt für den Anfang eines Einzelschrittes,
>
> – den spätesten Zeitpunkt für den Anfang eines Einzelschrittes.

Zum Planen der Zeitdimension wird die Kenntnis über die Dauer der Einzelschritte benötigt. Wenn der Projektleiter keine ausreichenden Sachkenntnisse hat, muss er die Dauer mit einem Fachmann des Projektteams oder einem Spezialisten von außen erarbeiten. Wenn es nicht anders geht, wird, anstatt ganz exakte Werte anzugeben, zunächst eine *Zeitspanne* mit einer gewissen Bandbreite angenommen.

4.2.2.1 Modelle zur *Zeitkontrolle*

Sobald die Zeitdauer für jeden Einzelschritt des Projektes entschieden ist, kann der früheste und der späteste Anfangszeitpunkt für jeden Einzelschritt bestimmt werden.

Zur Einschätzung der *Arbeitsbelastung* während eines Einzelschritts können auch statistische Methoden angewandt werden, die aber nicht praxisrelevant sind.

In der Praxis werden zwei Methoden angewandt, um das Projekt grafisch darzustellen:

> – die GANTT[4.1]-Charts und
>
> – die PERT-Diagramme.

4.1 Der Ingenieur Henry GANTT entwickelte diese Methode am Anfang des 20. Jahrhunderts.

4.2.2.2 GANTT-Charts

Das GANTT-Chart stellt die zeitlichen Verknüpfungen der Einzelschritte eines Projektes als horizontales *Balkendiagramm* grafisch dar. Jeder Einzelschritt wird durch eine Linie dargestellt, deren Länge die Zeitdauer des Vorgangs ist, in der dieser Einzelschritt ausgeführt werden soll. Das vollständige GANTT-Chart zeigt dann den Ablauf der einzelnen Aktivitäten hintereinander, sowie jene, die gleichzeitig ablaufen können.

Um das Chart zu erstellen, werden alle Einzelschritte mit der geschätzten Dauer aufgelistet, die für den Abschluss des Projektes notwendig sind. Dazu wird in der Höhe des jeweiligen Einzelschritts ein Balken für dessen Dauer (Bild 4.2) gezogen.

Manche parallel verlaufende Einzelschritte von unterschiedlicher Dauer können gleichzeitig gelegt werden. Dadurch ist man für den Anfangszeitpunkt der Einzelschrittes flexibler, solange sichergestellt ist, dass diese Einzelschritte rechtzeitig fertiggestellt werden, um an die nachfolgenden Schritte angebunden werden zu können. Dadurch entstehen *Zeitpuffer*, die im Diagramm als gestrichelte Linien dargestellt werden. Sie werden bis zu dem Zeitpunkt weitergeführt, an dem der Einzelschritt unbedingt abgeschlossen sein muss, um den Gesamtzeitplan zu gewährleisten.

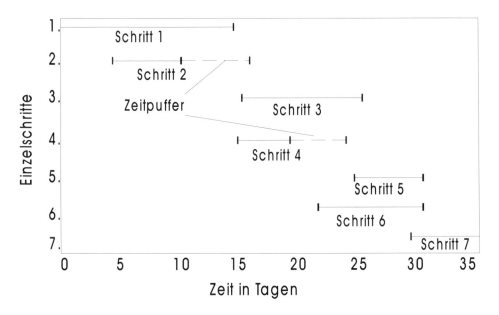

Bild 4.2: *Beispiel eines GANTT-Charts*

Aus einem GANTT-Chart können

  – die minimale Gesamtdauer des Projektes,

  – die richtige Reihenfolge der Einzelschritte und

  – die Gleichzeitigkeit einzelner Schritte abgelesen werden.

Die Nützlichkeit eines GANTT-Charts kann jedoch noch erhöht werden, wenn neben den geplanten Daten für den Anfang und das Ende der Einzelschritte des Projektes in einer anderen Farbe die wirkliche Dauer der Arbeitsabläufe eingetragen wird. So kann festgestellt werden, ob das gesamte Projekt nach Zeitplan läuft.

Im folgenden Bild 4.3 wird das GANTT-Chart für die Fallstudie Hallenbaumaßnahme über den geplanten Zeitraum dargestellt.

In der folgenden Tabelle 4.2 werden die Einzelschritte mit den geplanten Zeitdauern beschrieben.

Tabelle 4.2: *Fallstudie: Hallenbaumaßnahme; GANTT-Chart; Projektschritte mit Zeitschätzung*

Nr.	Projektschritt	Zeit [Tag]
1.	Arbeitspläne zeichnen	15
2.	Baugenehmigung einholen	16
3.	Fundament schalen und betonieren	5
4.	Rahmen für Wände und Dach aufstellen	5
5.	Dach decken	5
6.	Fenster einbauen	1
7.	Außenseiten aufstellen	10
8.	Außenseiten streichen	3
9.	Elektrisches Netz verlegen	10
10.	Heizungs-/ Klimaanlage installieren	5
11.	Isolierung einbauen	5
12.	Innenverkleidung einbauen	5
13.	Innentüren einbauen	5
14.	Innenräume streichen	3
15.	Elektrische Anlagen installieren	2
16.	Gebäude reinigen	3
17.	Böden verlegen	2

Wichtig bei der Beschreibung dieser Einzelschritte ist, den Vorgang möglichst umfassend und eindeutig zu beschreiben. Das bedeutet im Klartext: es muss „(die) Fenster einbauen" heißen, also mindestens Subjekt und Verb enthalten, um tatsächlich das auszudrücken, was gemeint ist. Das Substantiv „Fenster" alleine würde nicht genügen, denn es könnte zum Beispiel auch „(die) Fenster verglasen" gemeint sein, und das Wort „einbauen" allein genügt ebenfalls nicht, denn es könnte auch etwas ganz anderes bedeuten, zum Beispiel „(die) Heizung einbauen".

GANTT-Charts können aber die gegenseitige Abhängigkeit von Aktivitäten nur begrenzt darstellen. Bei einfachen Projekten, ohne kompliziert ineinander verschränkte Arbeitsabläufe, sind sie für die Zwecke der Projektleitung ausreichend, zum Beispiel als *Übersichtsdiagramm*. Wenn aber mehrere, voneinander unabhängige Schritte gleichzeitig erfolgen, bieten PERT-Diagramme ein höheres Maß an Information.

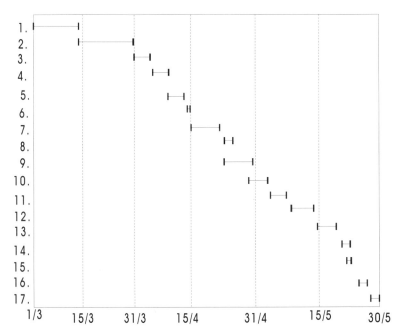

Bild 4.3: *Fallstudie: Hallenbaumaßnahme; GANTT-Chart; Projektschritte in Tabelle 4.2*

4.2.2.3 PERT-Diagramme

PERT ist die Abkürzung für **P**rogram **E**valuation and **R**eview **T**echnique (Programmbewertungs- und -übersichtstechnik). Es ist eine höherentwickelte *Planungsform* als die mit GANTT-Charts und eignet sich besonders für Projekte mit vielen, voneinander unabhängigen Schritten.

Das PERT-Diagramm beinhaltet 3 Komponenten:

- Ereignisse werden durch *Ereignisknoten* dargestellt, zum Beispiel Kreise (Bild 4.4) oder andere Figuren,

- Aktivitäten und deren Dauern werden durch Pfeile zwischen den Ereignisknoten dargestellt,

- *Abhängigkeiten*, die zwei Ereignisse verbindet, für die aber kein Arbeitsaufwand anfällt, werden durch gestrichelte Linien dargestellt (Bild 4.5).

Am nützlichsten sind PERT-Diagramme, wenn sie die für den Abschluss einer Tätigkeit geplante Zeitdauer anzeigen. Die Zeitdauer wird in geeigneten Einheiten angegeben, die der Projektgröße entsprechen; am häufigsten sind dies Tage, es können aber auch Stunden, Wochen oder Monate sein. In einigen Darstellungen für PERT-Diagramme können auch zwei Grenzen für die Zeitangabe angegeben werden, eine hohe und eine niedrige *Zeiteinschätzung*.

Bild 4.4: *Prinzip eines PERT-Diagramms*

Die ausgereiftesten PERT-Diagramme werden auf der Zeitskala gezeichnet, bei der die Länge der Pfeile genau der Zeitdauer der Aktivität entspricht. Bei einer maßstabsgetreuen Zeichnung werden allerdings manche Pfeile länger werden, als sie für die Tätigkeit tatsächlich benötigt werden. Diese Verlängerungen stellen dann die Zeitpuffer des Projektes dar. Die Pfeile werden am Ende des tatsächlich benötigten Zeitraumes mit einem deutlichen Punkt markiert und dann bis zum nächsten Ereignis gestrichelt verlängert (Bild 4.5).

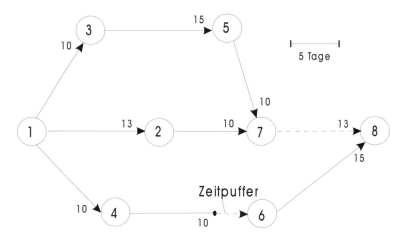

Bild 4.5: *Elemente eines PERT-Diagramms*

Zur Erstellung eines PERT-Diagramms werden alle Einzelschritte, die zum Abschluss des Projektes notwendig sind, aufgezählt und deren Dauer ebenfalls vorab abgeschätzt. Dann wird ein Netz von Verbindungen zwischen diesen Einzelschritten gezeichnet, wobei die Reihenfolge korrekt eingehalten werden muss. Die Nummern der Einzelschritte werden in die Ereignisknoten übertragen, die Zeitdauer bis zum Abschluss des folgenden Einzelschritts wird auf dem Pfeil notiert. Die Einzelschritte, die gleichzeitig stattfinden, werden auf verschiedenen Pfaden eingetragen. Zum Schluss wird kontrolliert, ob alle Einzelschritte im Diagramm eingetragen sind.

Ein PERT-Diagramm zeigt nicht nur die Beziehungen zwischen verschiedenen Einzelschritten im Projekt, sondern es ist auch eine Möglichkeit, den *kritischen Pfad* zu berechnen.

Der kritische Pfad ist der längste zeitliche Weg durch das Netzwerk des PERT-Diagramms und zeigt die notwendigsten Arbeitsschritte, deren rechtzeitiger Abschluss für das Fortkommen des Projektes unentbehrlich ist. Wenn diese Zeiten nicht eingehalten werden können, verlängert sich das Projekt automatisch. In Bild 4.6 wird der kritische Pfad durch die durchgezogenen Pfeillinien dargestellt.

Das PERT-Diagramm wird während des Projektes als *Kontrollinstrument* eingesetzt. Die abgeschlossenen Schritte können zum Beispiel im Diagramm farbig markiert werden. Die zur Fertigstellung benötigte Zeit wird neben der geplanten farbig eingetragen, um entlang des kritischen Pfades den eigentlichen Fortschritt des Projektes darzustellen.

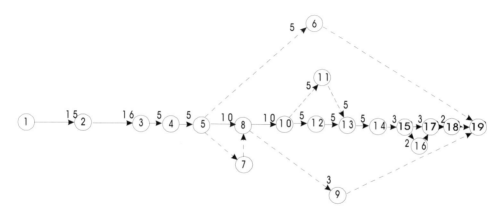

Bild 4.6: *Fallstudie: Hallenbaumaßnahme; PERT-Diagramm; Projektschritte in Tabelle 4.3*

In Tabelle 4.3 sind die zum PERT-Diagramm aus Bild 4.6 gehörigen Projektschritte mit ihren Zeitangaben aufgelistet.

Tabelle 4.3: *Fallstudie: Hallenbaumaßnahme; PERT-Diagramm; Projektschritte mit Zeitangaben*

Nr.	Projektschritt	Zeit [Tag]
1.	Projektbeginn	-
2.	Arbeitspläne fertiggestellt	15
3.	Baubewilligung erhalten	16
4.	Fundament betoniert	5
5.	Wände und Dachrahmen aufgestellt	5
6.	Dach fertiggestellt	5
7.	Fenster eingebaut	1
8.	Außenseiten aufgestellt	10
9.	Außenseiten gestrichen	3

Tabelle 4.3: *Fortsetzung*

10.	Elektrisches Netz verlegt	10
11.	Heizungs- / Klimaanlage installiert	5
12.	Isolierung fertiggestellt	5
13.	Innenverkleidung angebracht	5
14.	Innentüren eingebaut	5
15.	Innenräume gestrichen	3
16.	Elektrische Anlagen installiert	5
17.	Reinigung abgeschlossen	3
18.	Böden verlegt	2
19.	Projektabschluss	-

In Tabelle 4.4 werden die Einzelschritte für eine Finite-Elemente-Untersuchung zur Berechnung der Eigenfrequenzen eines Bauteils angegeben. Neben der Zeitdauer können hier die Abhängigkeiten der Einzelschritte untereinander (*Vorgänger, Nachfolger*), die jeweiligen *Einzelschrittkosten* und die jeweiligen Bearbeiter, auch deren prozentuale Anteile, angegeben werden. Um die Kosten zu erhalten, werden im Ressourcenplan für jeden Mitarbeiter der Stundenlohn, die reguläre Arbeitszeit, die Überstundenentlohnung usw. angegeben.

Tabelle 4.4: *Fallstudie: Finite-Elemente-Berechnung; GANTT-Chart; Projektschritte mit Zeit- und Kostenschätzung, sowie Fertigstellungsgrad; NF Nachfolger; VG Vorgänger*

	Vorgangsname	Dauer	NF	Anfangs-termin	Endter-min	Fer-tig-stel-lungs-grad (%)	VG	Kosten (€)	Bearbeiter
1	Modellierung erstellen	4,77t		Fr 10.07.	Sa 18.07.	65		1.268,69	Ph;P
2	FEM- Modell erstellen	0,43t	3	Fr 10.07.	Fr 10.07.	0		121,00	Ph[50%];P[50%];K[10%]
3	Statiklauf durchführen	1,07t	4	Fr 10.07.	Sa 11.07.	100	2	242,00	Ph[90%];K[10%]
4	Statiklauf kontrollieren	0,5t	5;6	So 12.07.	Mo 13.07.	0	3	125,00	K
5	Korrekturen einarbeiten	0,5t		Mo 13.07.	Mo 13.07.	80	4	75,00	Ph
6	Diskussion mit Firma EDV führen	0,5t	7	Mo 13.07	Mo 13.07.	100	4	370,00	K
7	Korrekturen einarbeiten	0,5t	9	Di 14.07.	Sa 18.07.	60	6	75,00	Ph
8	Eigenfrequenz-berechnung durchführen	3,17t		Mi 15.07.	Mo 20.07.	53		538,00	PH;K
9	Eigenfrequenz-berechnung durchführen	3t	10AA	Mi 15.07.	So 19.07.	70	7	748,00	Ph[80%];K[20%]

Tabelle 4.4: *Fortsetzung*

10	Diskussion mit Firma EDV führen	0,5t		Mo 20.07.	Mo 20.07.	0	9AA +1t	370,00	K
11	Korrekturen einarbeiten	0,5t		Mo 20.07.	Mo 20.07.	0	9AA	78,00	Ph
12	Ergebnisdarstellung erarbeiten	2t		Mo 20.07.	Mi 22.07.	0		1.349,00	K
13	Bericht erstellen	1,33t	14	Mo 20.07.	Di 21.07.	0		920,00	Ph[20%];K
14	Abgabe	1t		Di 21.07.	Mi 22.07.	0	13	75,00	K

Im Folgenden GANTT-Chart (Bild 4.7) wird der Ablauf der Einzelschritte als Balkendiagramm im Projektmanagement-Programm MS Project® dargestellt (siehe auch Kapitel 8). Die fertiggestellten oder teilweise fertiggestellten Einzelschritte werden in blau (dunkel) dargestellt, die noch nicht bearbeiteten Einzelschritte oder deren Teile sind rot (hell) dargestellt.

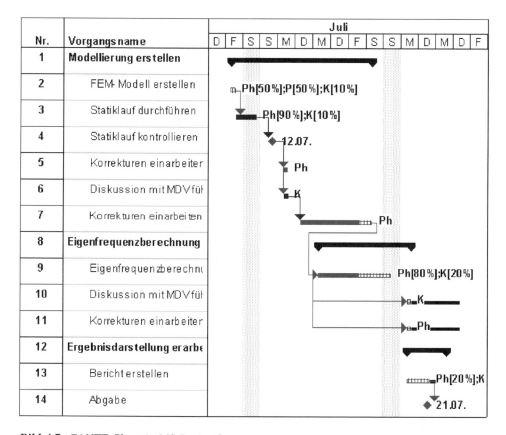

Bild 4.7: *GANTT-Chart in MS Project®*

In Bild 4.8 sieht man das PERT-Diagramm im Projektmanagement-Programm MS Project®. Allerdings lässt es sich nicht „vollautomatisch" per Knopfdruck aus dem

GANTT-Chart erstellen. Der Projektleiter muss die Zusammenhänge selbst herstellen, falls er mit GANTT-Balken-Rollups (eine Art Überschrift; dicke Balken in Bild 4.7) gearbeitet hat.

4.2.3 Die Kostendimension planen

Heute ist es unumgänglich, die *Projektkosten* sehr genau und umsichtig zu planen. Wenn die Kosten zu hoch eingeschätzt werden, könnte der Auftrag verlorengehen, weil das Angebot nicht konkurrenzfähig ist. Setzt man aber die Kosten zu niedrig an, wird man im Laufe des Projektes merken, dass das Projekt wesentlich mehr Ressourcen erfordert und man mehr investieren muss, um das Projekt zu Ende zu bringen.

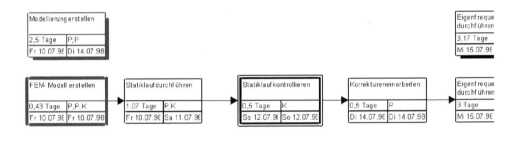

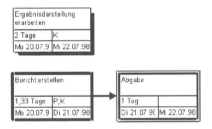

Bild 4.8: *Ausschnitt aus einem PERT-Diagramm in MS Project®*

Um einen guten *Strukturplan* zu erhalten, müssen die kostengünstigsten Materialien und Geräte über Anfragen ausgewählt, sowie andere gründliche Recherchen gemacht werden, um die tatsächlich entstehenden Kosten realistisch einzubringen.

Weiter hat das Budget des Projektes die Funktion, die Ausgaben während des Projektablaufs zu überwachen, damit sichergestellt ist, dass die Kosten im geplanten Rahmen bleiben.

Natürlich sind nicht alle Ungenauigkeiten beim Erstellen eines vorläufigen Budgets auszuschließen, zum Beispiel durch fehlende Kenntnisse eines Einzelschrittes, weil er zum ersten Mal mit diesem Projekt durchgeführt wird. Allerdings sollte darauf geachtet werden, dass diese Ungenauigkeiten nicht durch Nachlässigkeit beim Erstellen des Budgets entstehen. Die Erstellung des Kostenplans sollte so realistisch wie irgend möglich sein.

Es ist sinnvoll, die Kosten erst dann einzuschätzen, wenn die Zeitdimensionen bekannt sind, da die *Arbeitskosten* häufig die wichtigste *Kostenkategorie* darstellen. Damit basiert die Entwicklung des Projektbudgets auf dem Struktur- und Zeitplan.

Im Folgenden werden die einzelnen Kostenkategorien aufgeführt

- *Arbeitskosten*: die Löhne und Gehälter aller direkt am Projekt arbeitenden Arbeiter und Angestellten für die dafür aufgewendete Zeit

- *Gemeinkosten*: Arbeitgeberabgaben und Nebenleistungen für die Projekt- mitarbeiter (i. A. ein Prozentsatz der Gesamtlohnkosten)

- *Materialkosten*: die Kosten aller Gegenstände, die im Projekt verbraucht werden, zum Beispiel Bauholz, Zement, Kabel

- *Ausrüstungskosten*: Kosten von Werkzeugen, Geräten, Büroartikeln etc., die im Projekt benötigt werden; bei einer Nutzung einer Einrichtung über die Projektdauer müssen die Kosten möglicherweise über die Dauer umge- legt werden

- *Gerätemieten*: die Mietkosten für Großgeräte, zum Beispiel Gerüstmaterial, Kompressoren, Kräne

- *Nebenkosten*: die Kosten für Management und unterstützende Dienste wie Einkauf, Buchhaltung, Sekretariat etc., für die dem Projekt gewidmete Zeit (i. A. ein Prozentsatz der Gesamtprojektkosten)

- *Gewinn*: der Gewinn bei einem erfolgreichen Abschluss des Projekts (i. A. ein Prozentsatz der Gesamtprojektkosten)

Tabelle 4.5: *Fallstudie: Hallenbaumaßnahme; Projektkosten-Arbeitsblatt, das vom General- unternehmer vorbereitet wird*

Untereinheit	Arbeit	Gemeink.	Material	Ausrüs- tung	Geräte- mieten	Nebenk.	Ge- winn	Gesamt- kosten
1. Arbeitspläne fertigstellen	4000	1500		1000		500	1000	**8000**
2. Baubewilli- gung erhalten						900		**900**
3. Fundament betonieren	9000	2500	18000	1500	1500	2500	5000	**40000**
4. Wände und Dachrahmen aufstellen	13000	3500	23500	2000	9000	2000	7500	**60500**
5. Dach errichten	7000	2000	9000		1500	1000	2500	**23000**
6. Fenster einbauen	7500	2500	23000	1500	5000	3000	5000	**47500**

Tabelle 4.5: *Fortsetzung*

7. Außenseiten aufstellen	12000	2500	30500	1400	9000	2500	7500	**65400**
8. Außenseiten streichen	3200	800	500		1000		500	**6000**
9. Elektrisches Netz verlegen	5000	1500	3500			500	1500	**12000**
10. Heizung/ Klimaanlage installieren	5500	1000	21500			1500	3500	**32000**
11. Isolierung fertigstellen	6000	1500	5000				1500	**14000**
12. Innenver- kleidung anbringen	5000	1500	5000			500	500	**12500**
13. Innentüren einbauen	3000	1000	7000			500	1500	**13000**
14. Innenräume streichen	2500	1000	500	1000			500	**5500**
15. Elektrische Anlagen installieren	1000		1000					**2000**
16. Reinigung durchführen	2000	500		500				**3000**
17. Böden verlegen	2000	500	3000		500	1000		**7000**
Summe	**92200**	**25300**	**154000**	**8400**	**28500**	**16400**	**38000**	**352300**

Wenn die einzelnen Kostenkategorien festgestellt sind und das Projekt in Einzel-schritte aufgeteilt ist, wird ein Arbeitsbogen erstellt, um die Kosten für das gesamte Projekt festzulegen. In Tabelle 4.5 wird dies für die Fallstudie: Hallenbaumaßnahme dargestellt.

Die Kosten der Einzelschritte, die zum Beispiel an einen Unterauftragnehmer verge-ben werden, sind im Allgemeinen viel einfacher einzuschätzen als die eigenen, weil heute die meisten Aufträge zum Festpreis vergeben werden. Diese Kosten setzen sich dann aus dem vereinbarten Preis, dem Festpreis, und den Kosten für die Aus-wahl des Auftragnehmers und der Vergabe des Unterprojektes zusammen.

4.3 Verantwortung delegieren

Es muss so früh wie möglich entschieden werden, wer für den Abschluss jedes Einzelschritts des Projektes verantwortlich ist, sodass die Betroffenen an der Pla-nung von Terminen und Budget teilhaben können. Diese Teilnahme erhöht natürlich auch die Motivation und Verantwortung der Mitarbeiter. Wird dies versäumt, kann eine Situation entstehen, in der sich niemand verantwortlich für die Aufgabe fühlt (Bild 4.9). Leider ist dies nicht nur in der Karikatur so, sondern in der Praxis häufig der Fall.

Bild 4.9: *Nicht verteilte Verantwortungen*[4.2]

Je nach Größe des Projektes variiert die Zahl der eingebundenen Personen. Bei kleinen Projekten kann ein Mitarbeiter auch für mehrere Einzelschritte oder das gesamte Projekt Verantwortung tragen.

Um die Ressourcen bei der Verantwortungsvergabe am besten auszuschöpfen, sollten auch die Unterauftragnehmer und Dienstleistungsabteilungen neben den Projektmitarbeitern als Verantwortliche mit einbezogen werden.

4.4 Testen Sie Ihre Fortschritte

Mit den Fragen in Tabelle 4.6 können Sie Ihr Wissen überprüfen.

Die Auswertung der Tabelle 4.6 befindet sich in Kapitel 11.

4.2 Unbekannt

Tabelle 4.6: Test zum 4. Kapitel: Welche Aussagen sind richtig oder falsch?

Nr.	Frage	richtig	falsch
1	Planung ist bei kleinen Projekten nicht nötig.	☐	☐
2	Ein Strukturplan ist der Ausgangspunkt für die Projektplanung.	☐	☐
3	Arbeitsspezifikationen veranschaulichen die qualitativen Anforderungen an das Projekt.	☐	☐
4	Tests sollten ein Teil der Spezifikationen sein.	☐	☐
5	Bei der Entwicklung eines Projektzeitplans sind die Dauer und Reihenfolge jeder Stufe wichtig.	☐	☐
6	Die Zeit, zu der ein Schritt spätestens beginnen kann, ist für den Planungsablauf nicht wichtig.	☐	☐
7	Erfahrung ist eine Grundlage für das Einschätzen des Zeitaufwands.	☐	☐
8	Ein GANTT-Chart veranschaulicht die zeitlichen Zusammenhänge der einzelnen Schritte in einem Projekt.	☐	☐
9	Ein GANTT-Chart weist die gegenseitigen Abhängigkeiten zwischen Projektschritten auf.	☐	☐
10	Ein PERT-Diagramm ist ausgereifter als ein GANTT-Chart.	☐	☐
11	Der "kritische Pfad" zeigt die notwendigen Arbeitsschritte, deren rechtzeitiger Abschluss für den Fortschritt des Projekts unentbehrlich ist.	☐	☐
12	Bei der Kostenplanung sind Nebenkosten in den Gemeinkosten inbegriffen.	☐	☐
13	Die für Untereinheiten Verantwortlichen sollen nicht in den Planungsvorgang integriert werden.	☐	☐
14	Die Ausbildung von Projektmitarbeitern liegt im Aufgabenbereich der Personalabteilung und sollte den Projektleiter nicht kümmern.	☐	☐
15	Das Erstellen von Richtlinien und die Zuteilung von Verantwortung ist ein Teil des Projektvorganges.	☐	☐

5 Projektorganisation

5.1 Grundformen der Aufbauorganisation

Die *Aufbauorganisation* innerhalb eines Projektes umfasst alle personen- und gruppenbezogenen Aspekte. Dies sind die Bildung und die Zusammensetzung von *Projektgruppen*, die organisatorische Verankerung innerhalb des Unternehmens, die Funktion des Projektleiters und des *Projektmanagers*, sowie die Bildung von Gremien, wie zum Beispiel dem *Lenkungsausschuss*.

Die organisatorische Umsetzung des Projektmanagements innerhalb der Aufbauorganisation eines Unternehmens führt oft zu einer organisatorischen Instabilität der Hierarchie, weil durch die erforderliche *Projektorganisation* Verantwortlichkeiten zeitweise neu verteilt werden müssen. Dies hat auch immer eine Neufestsetzung von Machtpositionen zur Folge.

Inzwischen wird Projektmanagement immer häufiger als Führungswerkzeug eingesetzt.

Es werden drei Formen der Projektorganisation unterschieden:

- – die reine Projektorganisation
- – Einfluss-Projektorganisation
- – Matrix-Projektorganisation

In Bild 5.1 wird die Kompetenz des Projektleiters innerhalb der jeweiligen Organisationsform dargestellt.

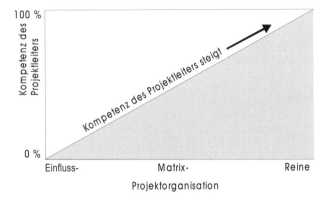

Bild 5.1: *Kompetenz des Projektleiters in den jeweiligen Projektorganisationsformen*

5.1.1 Die reine Projektorganisation

Hier wird parallel zur existierenden Aufbauorganisation eines Unternehmens eine *Projektorganisation* gebildet. Die für das Projekt benötigten Mitarbeiter werden aus ihren angestammten Abteilungen des Unternehmens organisatorisch herausgelöst und zu einer neuen, zeitlich begrenzten Projektorganisation zusammengefasst. Die so gefundenen *Projektgruppenmitglieder* arbeiten ausschließlich für die Ziele des Projektes. Sie werden von einem Projektleiter geleitet, der über sehr weitreichende *Kompetenzen* verfügt und ein hohes Maß an Verantwortung trägt.

Die Organisationsform des reinen Projektmanagements schafft in der Regel eine straffe Arbeitsform. Dies hat den Vorteil, dass der Projektleiter große Autorität hat. Er kann sehr schnell auf Störungen reagieren. Die Mitarbeiter identifizieren sich mit dem Projekt und tragen so zum erfolgreichen Gelingen des Projektes bei.

Das eigentliche Problem dieser Organisationsform stellt sich erst bei der Auflösung des Projektteams am Projektende. Dies ist umso problematischer, je länger ein Projekt dauert. Für die Mitarbeiter des aufgelösten Projektteams müssen neue Aufgaben gefunden werden. Im schlimmsten Fall müssen sie entlassen werden.

Ein weiteres Problem bei dieser Organisationsform sind die hohen Kosten der möglicherweise vielfachen Vorhaltung von Ressourcen in Form von Sachmitteln und Personal. Durch die Konkurrenz zwischen Projektorganisation und *Linienorganisation* kann durch die immer wieder neue Machtverteilung Unruhe im Unternehmen entstehen.

Besondere Schwierigkeiten liegen bei dieser Organisationsform in der Rekrutierung von fachkundigen Mitarbeitern, die durch den Wechsel in die Projektorganisation den Fachabteilungen völlig verlorengehen.

Deshalb wird die reine Projektorganisation in der Regel nur bei *Großprojekten* oder projektführenden Abteilungen genutzt, zum Beispiel im Anlagenbau.

5.1.2 Einfluss-Projektorganisation

Das wesentliche Merkmal der *Einfluss-Projektorganisation* ist, dass die volle Verantwortung und Entscheidungsbefugnis dem vorhandenen Linienmanagement des Unternehmens vorbehalten bleibt. Der Projektleiter hat nur beratende und vorbereitende Funktion, somit wenig Möglichkeiten, unpopuläre Maßnahmen durchzusetzen. Bild 5.2 zeigt eine solche Organisationsform.

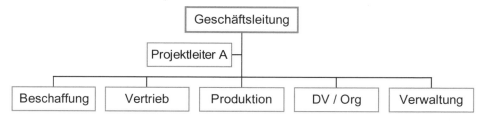

Bild 5.2: *Einfluss-Projektorganisation*

Die Mitarbeiter bleiben hierarchisch in ihren Organisationsstrukturen, die unverändert bestehen bleiben. Der Projektleiter verfügt über keine besonderen Weisungsbefugnisse oder Kompetenzen. Er verfolgt den Projektverlauf in fachlicher, terminlicher und kostenmäßiger Hinsicht und schlägt notwendige Maßnahmen vor. Allerdings sollte er dann nicht für das Projektziel verantwortlich zeichnen.

Der Projektleiter kann so ausschließlich durch Überzeugung die an dem Projekt beteiligten Personen zum gewünschten Handeln bringen, das er für den Projektfortschritt wichtig hält. Ein Zurückziehen auf formales Verhalten, zum Beispiel Beharren auf Vereinbarungen in den Protokollen, helfen ihm nicht.

Die vorzunehmenden organisatorischen Änderungen sind sehr gering, da die Mitarbeiter lediglich für den jeweiligen Einsatz im Projekt, auch nur stundenweise, abgestellt werden. Die Weisungsbefugnis und die Entscheidung über den weiteren Werdegang des Mitarbeiters verbleiben in den Fachabteilungen.

Eine Reduzierung des Projektleiters auf seine Funktion als *reiner Entscheidungsvorbereiter* ist selten für den Projektablauf von Vorteil. Allerdings hat diese Organisationsform den Vorteil der hohen Flexibilität hinsichtlich des Mitarbeitereinsatzes. Die Gefahr, dass sich niemand ausreichend für das Projektziel identifiziert, ist allerdings so groß, dass sich diese Organisationsform nur bei kleinsten Projekten als sinnvoll erweist. Es sollte von der Unternehmensleitung immer ein verantwortlicher Projektleiter, im Sinne eines Controllers bestimmt werden, der den Projektablauf kontrolliert und vorantreibt.

Dies ist dann der Übergang zur *Matrix-Projektorganisation*.

5.1.3 Matrix-Projektorganisation

Die Matrix-Projektorganisation ist eine Mischform zwischen reiner Projektorganisation und Einfluss-Projektorganisation (Bild 5.3 und Bild 5.4). Hier wird die Linienorganisation des Unternehmens um eine zusätzliche Instanz erweitert. Es gibt Projektbelange, die den Linienstellen zugeordnet werden und andere, die der Projektleitung übertragen werden. Das bedeutet, dass in einer Matrix-Projektorganisation die Macht, aber auch die Verantwortung entsprechend aufgeteilt werden.

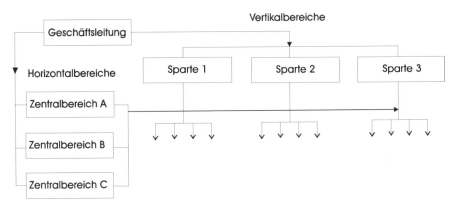

Bild 5.3: *Matrixorganisation*

Der Projektleiter gibt üblicherweise die Zielrichtung des Projektes an. Er legt fest, was wann gemacht werden muss und zwingt die anderen Stellen zur Entscheidung, wer die Aufgaben wie und womit erfüllt. Er zwingt damit auch die beteiligten Stellen zum *unternehmerischen Denken*.

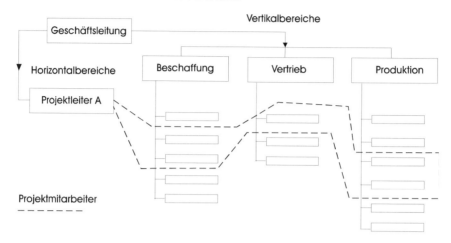

Bild 5.4: *Projekt-Matrixorganisation*

Bei der Matrixorganisation ist ein flexibler *Personaleinsatz* gewährleistet. Die Projektmitarbeiter fühlen sich sicher, weil sie nicht von ihren Abteilungen herausgelöst werden. Allerdings kann es durch die geteilten Verantwortlichkeiten zu *Konflikten* zwischen den Fachabteilungen und dem Projektleiter kommen. Wenn beide Anforderungen an einen Mitarbeiter haben und sich nicht einigen können, wem er zuerst folgen soll. Das wird um so schlimmer, je länger ein Projekt andauert und je mehr sich der Mitarbeiter mit dem Projekt identifiziert.

Für diese *Kompetenzabgrenzungen* ist viel Energie erforderlich. Deshalb besteht durch diese Teilung der Verantwortung und Macht ein dauerndes Konfliktpotenzial zwischen den Linien- und Projektautoritäten. Je größer der Stellenwert des Projektes im Unternehmen ist, desto größer wird auch das Problem der Verantwortung.

5.2 Projektinstanzen

Die Abwicklung eines Projektes benötigt ebenfalls organisatorische und hierarchische Strukturen, damit das Projektziel erreicht werden kann.

Im Allgemeinen gibt es die folgenden Instanzen, die in Bild 5.5 gezeigt werden:

- das Projektmanagement
- den Lenkungsausschuss
- die kaufmännische Abwicklung (bzw. Controlling)
- den Projektleiter
- die Projektgruppe oder das Projektteam

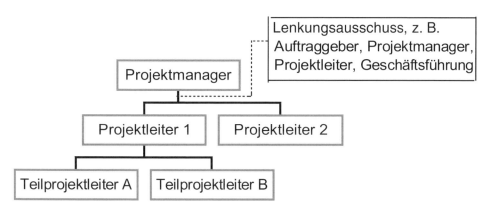

Bild 5.5: *Projektorganisation mit ihren Instanzen*

5.2.1 Das Projektmanagement

Das Projektmanagement bedeutet die verantwortliche Leitung der Planung, Projektierung, Durchführung und Kontrolle von einer Anzahl, also immer von mehreren Projekten. Damit ist ein Projektmanager nur bei Unternehmen anzutreffen, in dem mehrere Projekte gleichzeitig bearbeitet werden. Dort hat er starke *Koordinationsfunktionen.*

Der Projektmanager ist immer Mitglied des Lenkungsausschusses.

5.2.2 Der Lenkungsausschuss

Der *Projektlenkungsausschuss* ist ein *Verbindungs-* und *Schlichtungsgremium*, das sich aus Mitgliedern der Geschäftsleitung, dem Projektmanager, dem Projektleiter und dem Auftraggeber zusammensetzt. Der Ausschuss sorgt dafür, dass die Realisierung eines Projektes gesichert ist, und die erarbeiteten Konzepte von der Organisation akzeptiert werden. Somit ist der Lenkungsausschuss der eigentliche Auftraggeber eines Projektes, indem er Einzelergebnisse verabschiedet und die Projektgruppe gegenüber *der Geschäftsleitung* vertritt.

Eine wichtige Funktion ist die oben erwähnte Schlichtungsfunktion. Im Lenkungsausschuss werden die auftretenden *Streitigkeiten* und *Vertragsquerelen* verhandelt.

Der Lenkungsausschuss beruft den Projektleiter in sein Amt und delegiert die notwendige Kompetenz und Verantwortung für die Planung und Realisierung des Projektes an die Projektleitung.

5.2.3 Der Projektleiter und das Projektteam

Die Auswahl des Projektleiters

Die Zusammensetzung des Projektteams ist von großem Einfluss auf den Verlauf eines Projektes. Allerdings haben die wenigsten Firmen die Möglichkeit, aus einer großen Anzahl von Kandidaten den geeignetsten Bewerber auszuwählen. Meist ist

der geeignetste schon in anderen Projekten verantwortlich oder das Eigenschaftsprofil des idealen Projektleiters wird nicht ausreichend erfüllt.

In der Regel wird man sich immer auf einen Kompromiss zwischen *Fachkompetenz*:
„Hat er schon einmal ein derartiges Projekt bewältigt?" und „Kennt er sich mit der
anzuwendenden Technik und den vorhandenen Werkzeugen aus?" und *Führungs-
kompetenz*: „Kann er die Mitglieder des Projektteams auch durch Konflikte führen?"
und „Kann er mit dem Auftraggeber auf einen tragfähigen Konsens kommen?"
einigen müssen.

Tabelle 5.1 listet die wichtigsten *Kernaufgaben* eines Projektleiters [5.1] und die dazu
benötigten Eigenschaften und Fähigkeiten auf.

*Tabelle 5.1: Die wichtigsten Aufgaben eines Projektleiters und die dazu benötigten Kompe-
tenzen und Fähigkeiten*

Kernaufgabe	Kompetenz	Fähigkeiten/Eigenschaften
Projekte managen	Planen und Organisieren	zielgerichtetes Denken
		Erkennen und Koordinierung von Prioritäten
	Controlling	ergebnisbezogene Steuerung von Prozessen und Aktivitäten
	Streßtoleranz	hohe "Frustrationsschwelle"
Kunden managen	Zielkundenorientierung	Erfahrung und Gespür für die Branche
		"Verkauf" von Projektergebnissen
	Persönlichkeit	Überzeugen durch die eigene Person (Vertrauensbildung)
	Analysevermögen	Abstraktionsvermögen
		Konzentration auf das Wesentliche
		Urteilssicherheit
		Erfahrung
Team managen	Führen	Motivation des Teams ohne Managementkompetenzen
		Unterstützung bei Fachproblemen
		Fähigkeit zur Delegation
	Leistung managen	Motivation zur Leistung
		Vereinigung verschiedener Disziplinen
	Sensitivität	Stärken, Interessen und Probleme der Einzelnen effektiv gestalten
		Konflikte managen

Aufgaben des Projektleiters

Der Projektleiter trägt die Verantwortung für die Realisierung der in der Projektdefinition festgelegten Projektziele: Termin, Kosten und Qualität. Er ist insbesondere für die Koordination der verschiedenen Projektmitarbeiter verantwortlich.

5.1 Hofstetter, H., Der Faktor Mensch im Projekt, In: Schelle, H., Reschke, H., Schnopp, R., Schub A.
(Hrsg.): Loseblattsammlung „Projekte erfolgreich managen", Veröffentlichungen des Verbands
Deutscher Maschinen- und Anlagenbau e. V., Köln, 1994

Im Einzelnen unterteilen sich die Kernaufgaben in

- die Klärung der Projektzielsetzung und Mitwirkung bei der Erarbeitung der Projektdefinition,

- das Erstellen des Projektstrukturplans und Strukturierung der Teilaufgaben und Beauftragung der entsprechenden Stellen,

- die Freigabe der Mittel im Rahmen des Projektbudgets,

- die Koordinierung des Projektablaufs,

- die Einberufung und Leitung der Projektsitzungen,

- die Planung und Verfolgung der Projekttermine,

- die Planung und Verfolgung der Projektkostenentwicklung,

- die Verfolgung des Projektfortschritts,

- das Aufzeigen und Entgegenwirken bei auftretenden Planabweichungen,

- die Prüfung, Abstimmung und Einarbeitung der notwendigen Änderungen im Projektplan,

- die Berichterstattung zu Meilensteinen im Projektlenkungsausschuss,

- die Anwendung der zur Verfügung stehenden Instrumente und Mittel,

- die Sicherstellung des Informationsflusses,

- die Ausgestaltung der Aufbau- und Ablauforganisation,

- die Vertretung des Projektes nach innen und außen.

Die Aufgaben und Verantwortlichkeiten eines Projektleiters sind also umfassend und sehr unterschiedlich, entsprechend dem Projektziel. Sie sind zudem von der Größe des jeweiligen Projektes abhängig. Wichtig für die Position eines Projektleiters innerhalb eines Unternehmens ist, wie schon gesagt, seine Einbindung in die Unternehmenshierarchie. Davon hängen dann auch die Befugnisse ab, die er hat. Durch Kompetenzüberschreitungen oder ungeklärte Kompetenzen sind Konflikte vorprogrammiert.

Die Aufgaben des Projektleiters bestehen also im Wesentlichen aus

- Planungsaufgaben

- Koordinationsaufgaben

- Kontrollaufgaben

- Dokumentationsaufgaben.

Der Projektleiter muss über ausgezeichnete *Fachkenntnisse* der wichtigsten Projektbereiche verfügen. Außerdem muss er über Kenntnisse, wie Methoden und Hilfsmittel der Organisation, Planung und Kontrolle verfügen, die meist mit Hilfe der EDV gesteuert werden. Kaufmännische und juristische Kenntnisse sind für einen Projektleiter ebenfalls notwendig.

Sehr wichtig ist auch die Führungsfähigkeit. Er muss ein großes Einfühlungsvermögen haben und über Motivations- und Verhandlungsgeschick sowie *Überzeugungskraft* verfügen. Wichtig ist auch eine hohe *Frustrationsschwelle*. Daneben wird analytisches Denken gefordert, das den Blick für das Wesentliche und ein großes Organisations- und Improvisationsgeschick beinhaltet. Tabelle 5.2 zeigt eine Stellenbeschreibung für Projektleiter.

Tabelle 5.2: *Stellenbeschreibung eines Projektleiters*

Stellenbeschreibung				
Nachname, Vorname, Geburtsdatum			Funktionsbezeichnung	
			Rang	
Betrieb	Abteilung	Gruppe	Stelle- Nr.	Tarifgruppe
Beschreibung der Aufgabe:				
Stelleninhaber berichtet an:				
Stelleninhaber erhält fachliche Weisungen von:				
Direkt unterstellte Mitarbeiter (Nachname, Vorname, Funktion, Einstufung):				
Stelleninhaber gibt fachliche Weisung an (Name, Funktion):				
Stelleninhaber wird vertreten durch:				
Stelleninhaber vertritt:				
Befugnisse, Vollmachten:				
Zum Aufgabengebiet gehören folgende Arbeitsmittel				
(Maschinen, techn. Anlagen):				
Zur Wahrnehmung des Aufgabengebietes sind				
folgende Fachkenntnisse erforderlich:				

Tabelle 5.3 zeigt die einzelnen Tätigkeiten eines Projektleiters und den dafür erforderlichen durchschnittlichen prozentualen Zeitaufwand innerhalb eines Projektes.

Tabelle 5.3: Tätigkeiten eines Projektleiters mit dem prozentualen Zeitaufwand

lfd. Nr.	Tätigkeitsbeschreibung (was wird getan?)	Ziel-/Aufgaben-Hintergrund (welche Aufgaben sollten erfüllt, welche Ziele erreicht werden?)	Zeitanteil in %
1	Erarbeitung eines Phasenkonzepts für das Projekt	Strukturierter und übersichtlicher Projektablauf	20
2	Festlegung der Projektmitarbeiter in Abstimmung mit deren Linienvorgesetzten	Fachliche Kompetenz sichern	10
3	Erstellung des Projektstrukturplans	Definition von Arbeitspaketen	20
4	Ressourcen-Planung	Ressourcen-Engpässe aufdecken, Projektablauf sichern	5
5	Veranlassung und Überwachung der notwendigen Projektberichte und -dokumentationen	Information des Managements	10
6	Organisation und Leitung von Projektsitzungen	Information der Projektmitarbeiter, Planung der weiteren Aktivitäten	10
7	Erstellung von Projektfortschrittsberichten	Projekt-Controlling	5
8	Überwachung und Koordination der Projektarbeiten und Überwachung des fachlichen Know-hows	Sicherstellung der fachlichen Qualifikation, Arbeitsverteilung und Ressourcen	5
9	ggf. Veranlassung rechtzeitiger Rechnungserstellung	Liquiditätsüberwachung	5
10	Erstellung eines Schlussberichtes mit Nachkalkulation	Information des Managements, Kostenkontrolle, Controlling	5
11	Projekt-Controlling in Zusammenarbeit mit dem Controller	Permanentes Projekt-Controlling mit dem Ziel der Steuerung und Überwachung von Ressourcen	5
S	Sonderaufgaben: Verpflichtung zur Ausführung von Sonderaufgaben, auf Weisung des Vorgesetzten, die dem Wesen nach zur Tätigkeit eines Projektleiters gehören, bzw. sich aus den betrieblichen Notwendigkeiten ergeben		unbegrenzt

Wird ein Projekt erfolgreich abgeschlossen, werden meist alle beteiligten Stellen belobigt, misslingt ein Projekt, muss der Projektleiter als einziger Schuldiger herhalten. Der Erfolg oder Misserfolg eines Projektes hängt tatsächlich sehr entscheidend von der Person des Projektleiters ab, sowohl fachlich als auch von seiner Persönlichkeit.

Das Wissen um geeignete *Planungs- und Kontrolltechniken* ist eine der Grundlagen für die Qualifikation zum Projektleiter, aber nicht die ausschlaggebende. Ganz entscheidend ist seine Fähigkeit, im sozial-psychologischen Bereich Störungen bewältigen zu können.

Die Zusammenstellung des Projektteams und Teambildung

Dem Projektleiter steht ein Team von Fachleuten zur Ausführung des Projektes zur Seite. Auch hier ist es häufig schwierig, gute Fachleute zu bekommen, da diese meist schon von anderen Projekten gebunden sind. Zum anderen versuchen die

Fachabteilungen, ihre fähigsten Mitarbeiter zu behalten. Die Mitarbeiter selbst arbeiten häufig nur ungerne an Projekten mit, weil die *Leistungsbeurteilung* und Gehaltseinstufung im Allgemeinen durch den Abteilungsleiter und nicht den Projektleiter durchgeführt wird. Die Frage der Teamfähigkeit steht so meist an zweiter Stelle, ist aber trotzdem für die erfolgreiche Durchführung des Projektes von Bedeutung.

Hier liegt die große *Führungsaufgabe* des Projektleiters. Das bedeutet, dass er die Teammitglieder in einigen Phasen des Projektes sehr stark am Prozess und an den Entscheidungen beteiligt, in anderen Phasen aber fähig ist, die Termin- und Kostenziele gegen den Widerstand einiger Teammitglieder durchzusetzen. Das heißt auch, dass die während der Durchführung entstehenden Meinungsverschiedenheiten letztendlich durch ihn entschieden werden müssen, um das Projektziel nicht aus den Augen zu verlieren.

Um ein kreatives Team zu führen, ist es notwendig,

- eine Atmosphäre des Vertrauens und der Kollegialität zu schaffen,

- das „Wir-Gefühl" im Projekt zu fördern,

- eine offene, umfassende Kommunikation anzustreben,

- Konflikte so früh wie möglich zu erkennen und zu lösen,

- gute Leistungen anzuerkennen und weiterzuleiten.

Den letzten Punkt kann der Projektleiter aber nur durchführen, wenn es die Firmenorganisation vorsieht.

Über den Umgang im Projekt kann man sicher einiges sagen. Die praktische Durchführung ist leider von den Personen abhängig, die miteinander zu tun haben und dort finden sich immer Störfaktoren. Aber einige Punkte sollen dennoch ernsthaft wahrgenommen werden:

- Die Teammitglieder bringen sich gegenseitig Respekt und Vertrauen entgegen.

- Gefühle wie Ärger und Zorn werden offen ausgesprochen und nicht unterdrückt.

- Konflikte und Probleme werden offen angesprochen und gelöst.

- Aktives Zuhören wird praktiziert.

- Alle sind gleichberechtigte Partner und niemand dominiert.

- Es wird ausschließlich konstruktive Kritik geübt. Sie dient ausschließlich dem Projektfortschritt und kann so nicht persönlich genommen werden.

- Unterschiedliche Meinungen werden als Beitrag zur Lösung des Problems empfunden.

- Im Team wird Konsens angestrebt. Alle Teammitglieder halten sich an einmal getroffene Entscheidungen.

– Alle halten die „Spielregeln" ein: gute Vorbereitung vor Sitzungen, Erledigung der gestellten Aufgaben zum Termin, Pünktlichkeit.

– Informationen über das Projekt werden allen mitgeteilt.

– Die Aktivitäten aller Teammitglieder sind allen anderen bekannt. Kein Teammitglied führt Tätigkeiten ohne vorherige Absprache mit dem Projektleiter aus.

– Die Aufgaben wie Protokollieren, Überwachen von Listen etc. werden gerecht verteilt.

Dass das eine Wunschliste ist, weiß jeder. Dennoch sollte versucht werden, im Team derartige Verhaltensmuster einzuüben, um einen erfolgreichen Projektverlauf zu erreichen. Weitere Verhaltensweisen im Team werden in Abschnitt 9.2 unter Coaching dargestellt.

5.3 Testen Sie Ihre Fortschritte

Jetzt können Sie wieder Ihr Wissen mit Hilfe der Tabelle 5.4 überprüfen. Die Auswertung des Tests befindet sich in Kapitel 11.

Tabelle 5.4: Test zum 5. Kapitel: Welche Aussagen sind richtig oder falsch?

		richtig	falsch
1	Projekte werden prinzipiell von Vorgesetzten eingeleitet.	☐	☐
2	Jeder kann Projektleiter sein.	☐	☐
3	Der Projektleiter ist für die Durchführung des Projektes verantwortlich.	☐	☐
4	Der Initiator eines Projektes hat normalerweise von allen wichtigen Aspekten des Projektes feste Vorstellungen.	☐	☐
5	Das Projektteam muss vor Beginn das Projekt klar definieren.	☐	☐
6	Projektmanagement unterscheidet sich kaum von anderen Management-Anwendungen.	☐	☐
7	Die zeitlich beschränkte Natur von Projekten stellt an den Projektleiter besondere Herausforderungen.	☐	☐

6 Projektdurchführung

6.1 Aktivitäten in der Durchführungsphase

Während der *Projektdurchführungsphase* koordiniert der Projektleiter alle Einzelschritte des Projektes. Dies umfasst sowohl die Verantwortungsbereiche, die schon oben bei der Vorstellung der Position des Projektleiters angesprochen wurden, als auch die speziellen Führungsaufgaben in *Konfliktsituationen*, die in einem Projekt sehr häufig auftreten, weil alle Beteiligten mehr oder weniger unter Druck stehen:

- Kontrolle der Arbeitsabläufe, um deren planmäßigen Abschluss zu bewirken,
- für Feedback an die Mitarbeiter sorgen,
- Verhandlungen durchführen, um Material, Ausrüstung und Dienstleistungen bereitstellen zu können,
- die Lösung von Konflikten innerhalb des Projektteams und Verhandlungen zwischen dem Projektteam und Außenstehenden.

Diese *Schlüsselaufgaben* erfordern unterschiedliche Fähigkeiten des Projektleiters. In diesem Kapitel und in Kapitel 9 werden einige Techniken und Hilfsmittel vorgestellt, die dem Projektleiter bei der Durchführung des Projektes helfen.

Die *Kontrolle* ist die wichtigste Tätigkeit während der Durchführung des Projektes. Das wichtigste Hilfsmittel für diesen Kontrollvorgang ist der *Projektplan* zum Beispiel als GANTT-Chart. In ihm werden die drei *Projektparameter*, die Einzelschritte mit Spezifikationen, der Zeitplan und das Budget entwickelt. Das sind die Maßstäbe, an denen der *Projektfortschritt* und somit die Leistung gemessen wird.

6.2 Kontrolle der Arbeitsabläufe

Die *Kontrolle der Arbeitsabläufe* besteht aus drei Schritten:

- Maßstäbe setzen,
- Leistung überwachen,
- Korrekturmaßnahmen ergreifen.

6.2.1 Maßstäbe setzen

Die Maßstäbe für das Projekt werden in den *ausführlichen Projektspezifikationen* gesetzt, die in der Planungsphase erstellt werden. Der Projektleiter behält diese Spezifikationen stets im Auge und gewährleistet, dass die Mitarbeiter dies ebenfalls tun.

Denn, falls das Projekt von der ursprünglichen Spezifikation abweicht, gibt es keine Garantie, dass der in der *Machbarkeitsstudie* prognostizierte Erfolg eintreten wird. Die Wahrscheinlichkeit, dass das Projekt oder das Projektresultat dann den Leistungskriterien *nicht* entsprechen könnte, ist sehr hoch.

Um festzustellen, ob den in den Spezifikationen festgelegten Maßstäben für Qualität, Zeit und Kosten auch wirklich entsprochen wird, und auch um die Kontrolle über den Projektablauf allgemein zu erleichtern, stehen dem Projektleiter eine Reihe von Hilfsmitteln zur Verfügung. Das Verhältnis zwischen dem Zeitplan und dem eigentlichen Ablauf des Projektes kann anhand der in der Planungsphase entstandenen GANTT-Charts und PERT-Diagramme verfolgt werden.

Im Folgenden werden vier weitere Darstellungsmöglichkeiten beschrieben, die für die Projektkontrolle nützlich sind:

  – Kontrollpunkt-Erkennungscharts

  – Projektkontrollcharts

  – Milestone-Charts

  – Budgetkontrollcharts

Kontrollpunkt-Erkennungschart

Eine hilfreiche Technik für die Projektkontrolle ist das gezielte Notieren eventueller Fehlermöglichkeiten, die jeweils bei den drei Projektparametern eintreten könnten. Der Projektleiter, aber auch das Projektteam, überlegen sich, wann und wie sie erfahren werden, dass etwas nicht so, wie vorgesehen läuft. Dann können sie sich einen Plan machen, wie der Fehler zu beheben ist, wenn er tatsächlich eintritt. Dadurch sind sie auf unangenehme Überraschungen vorbereitet und können schneller auf die Probleme reagieren. Ein Kontrollpunkt-Erkennungschart fasst diese Informationen übersichtlich zusammen (Tabelle 6.1). Mit der Auflistung wird schon in der Angebotsphase begonnen.

Tabelle 6.1: *Beispiel für ein Kontrollpunkt-Erkennungschart*

Kontrollelement	Was könnte nicht funktionieren?	Wann und wie werde ich es erfahren?	Was werde ich dagegen tun?
Qualität	handwerkliche Ausführung ist mangelhaft	nach persönlicher Inspektion der Arbeit eines beendeten Produktionsschritts	Arbeit muss wiederholt werden
Kosten	Kosten eines Einzelschritts überschreiten das dafür geplante Budget	sobald Kaufverträge ausgehandelt sind	erst Ersatzlieferanten suchen, dann Ersatzmaterial erwägen
Zeit	Dauer eines Einzelschritts überschreitet die Planungsdauer	durch genaue Überwachung des Arbeitsfortschritts entlang des kritischen Pfades	nach Möglichkeiten zur Leistungsverbesserung suchen; versuchen, die Zeit bei späteren Schritten einzusparen, falls das Budget es erlaubt; Überstunden bewilligen

Projektkontrollchart

Ein weiteres nützliches Hilfsmittel ist das Projektkontrollchart, das einen raschen Überblick über Budget- und Zeitplanabweichungen erlaubt. Die geplanten Termine und Kosten werden den tatsächlichen gegenübergestellt. Die Abweichungen für jeden Einzelschritt und für das Gesamtprojekt werden so deutlich.

Um ein Projektkontrollchart vorzubereiten, führt man alle Einzelschritte aus dem GANTT-Chart auf. Dann verwendet man den Zeitplan und das Budget, indem man jedem Einzelschritt die geplante Dauer und die erwarteten Kosten zuordnet.

Nach der Beendigung eines Einzelschritts werden dann die tatsächlichen Daten eingetragen. Die Abweichungen werden errechnet und addiert (Tabelle 6.2).

Diese Technik kann auf jedem PC in MS Project oder einfach als Listenformular (Spreadsheet) umgesetzt werden. Damit können dann auch die *Fortschrittsberichte* erzeugt werden.

Tabelle 6.2: *Fallstudie: Hallenbaumaßnahme, Projektkontrollchart; Einzelschrittdauern mit* ** liegen nicht auf dem kritischen Pfad und können daher aus der Summe genommen werden*

Untereinheit	Kosten				Zeit			
	budgetierte Kosten	tatsächliche Kosten	Abweichung	gesamt	geplante Dauer	tatsächliche Dauer	Abweichung	gesamt
1. Arbeitspläne fertigstellen	10000	9000	-1000	-1000	15	15	0	0
2. Baubewilligung erhalten	1000	1000	0		16	15	-1	-1
3. Fundament betonieren	50000	55000	5000	4000	5	3	-2	-3
4. Wände und Dachrahmen aufstellen	44000	42000	-2000	2000	5*	5	0	-3

Tabelle 6.2: Fortsetzung

5. Dach fertigstellen	25000	30000	5000	7000	5*	6	1	-2
6. Fenster einbauen	15000	15000	0	7000	1*	1	0	-2
7. Außenseiten aufstellen	76000	67000	-9000	-2000	10	9	-1	-3
8. Außenseiten streichen	6000				3			
9. Elektrisches Netz verlegen	13000				10*			
10. Heizung/ Klimaanlage installieren	36000				5			
11. Isolierung fertigstellen	15000				5			
12. Innenverkleidung anbringen	18000				5			
13. Innentüren einbauen	14000				5			
14. Innenräume streichen	7000				3			
15. Elektrische Anlagen installieren	3000				2			
16. Reinigung durchführen	3000				3			
17. Böden verlegen	8000				2			
Projektabschluss (gesamt)	**344000**				**84**			

Milestone-Chart

Ein *Milestone-Chart* (Meilenstein-Chart) gibt ein grobes Bild des Zeitplans und der Kontrolldaten des Projektes. Es zeigt die *Schlüsselereignisse*, die von Außenstehenden klar erkennbar sind oder die Zustimmung brauchen, bevor das Projekt weiterlaufen kann.

In MS-Project kann ein Milestone-Chart durch eine einfache Filterfunktion erstellt werden.

Im Allgemeinen gibt es im Projekt nur wenige Meilensteine. Wegen des *Übersichtscharakters* ist ein Milestone-Chart während der Planungsphase, in der mehr Informationen benötigt werden, nicht sehr hilfreich. Wenn das Projekt aber zur Durchführung gelangt, ist es sehr nützlich, da es eine prägnante Zusammenfassung des Projektfortschritts liefert (Tabelle 6.3).

Tabelle 6.3: *Fallstudie: Hallenbaumaßnahme, Milestone-Chart*

Milestone	geplanter Abschluss	tatsächlicher Abschluss
1. Fundament fertiggestellt	5. April	2. April
2. Rahmen fertiggestellt	10. April	7. April
3. Außenseiten fertiggestellt	25. April	
4. elektrisches Netz verlegt	31. April	
5. Heizung und Klimaanlage installiert	4. Mai	
6. Innenraum fertig	22. Mai	

Budgetkontrollchart

Budgetkontrollcharts gibt es in zwei Varianten. Die erste ist dem Projektkontrollchart sehr ähnlich. Sie vergleicht das Budget mit den tatsächlich entstandenen Kosten der Einzelschritte des Projektes. Die andere Variante ist ein Diagramm, das die geplanten Kosten den tatsächlich entstandenen Kosten gegenüberstellt. Dazu werden entweder Balken oder Linien benutzt.

Die Balkendiagramme stellen die geplanten Kosten den tatsächlich entstandenen Kosten gegenüber, während ein Liniendiagramm die geplanten und die tatsächlich entstandenen Kosten für das gesamte Projekt kumulativ erstellt.

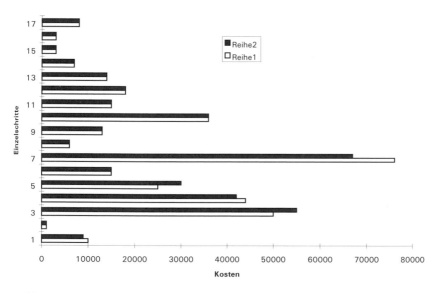

Bild 6.1: *Fallstudie: Hallenbaumaßnahme; Budgetkontrollchart; Reihe 1 geplante Kosten, Reihe 2 tatsächlich entstandene Kosten*

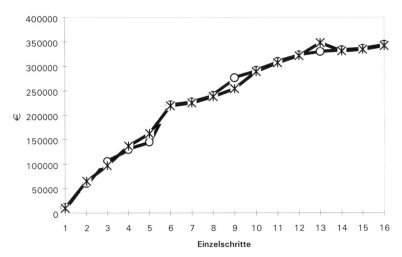

Bild 6.2: *Fallstudie: Hallenbaumaßnahme; Budgetkontrollchart; – – – geplante Kosten, *** tatsächlich entstandene Kosten*

6.2.2 Leistung überwachen

Das Herz des Kontrollvorgangs liegt in der *Überwachung* der laufenden Arbeiten. So erfährt der Projektleiter, was tatsächlich getan wurde und wie der Projektfortschritt mit dem Plan übereinstimmt. Dadurch erfährt man, ob ein korrektiver Eingriff notwendig ist. Übliche Überwachungsmaßnahmen sind

- Inspektionen,
- Fortschrittsbesprechungen,
- Qualitätstests und
- Prüfungen.

Um effektiv kontrollieren zu können, wird mehr als eine Informationsquelle benötigt. Zusätzlich zu schriftlichen Aufzeichnungen halten den Projektleiter eine Mischung aus Inspektionen, Fortschrittsbesprechungen, Qualitätstests und Prüfungen auf dem Laufenden.

6.2.2.1 Die Inspektion

Die *Inspektion* ist die häufigste Überwachungsmaßnahme bei Projekten. Sie werden von *Inspektoren* und dem Projektleiter durchgeführt. Die Arbeitsabläufe werden beobachtet, während sie auf der Baustelle oder in der Produktionsstätte durchgeführt werden. Die Inspektion ist ein sehr wirkungsvoller Weg, um zu erfahren,

- ob die Projektspezifikationen eingehalten werden,
- ob unnötige Verschwendung stattfindet oder
- ob gefährliche Arbeitsbedingungen herrschen.

Inspektionen werden im Allgemeinen unangemeldet und unvorhersehbar durchgeführt, können aber auch offen und direkt sein. Es können Fragen an die durchführenden Mitarbeiter gestellt werden, die dem Projektleiter häufig wichtige Schlussfolgerungen ermöglichen.

6.2.2.2 Die Fortschrittsbesprechung

Fortschrittsbesprechungen sind Gespräche zwischen dem Projektleiter und den für die jeweiligen Einzelschritte verantwortlichen Mitarbeitern. Sie können mit Gruppen oder Einzelpersonen, von Angesicht zu Angesicht oder telefonisch geführt werden. Bei externen Projekten können sie auch schriftlich eingereicht werden. Fortschrittsbesprechungen finden normalerweise in regelmäßigen Abständen statt: zum Beispiel täglich, wöchentlich, monatlich.

Sie können aber auch einberufen werden, wenn ein Leistungsproblem bemerkt wird oder wenn ein wichtiger Schritt im Projekt beginnt oder abgeschlossen wurde. Vom Projektleiter oder dem für die Arbeit verantwortlichen Mitarbeiter einberufene Gespräche ergänzen die geplanten Fortschrittsbesprechungen.

Die Richtlinien für Fortschrittsbesprechungen

Normalerweise stehen in den Fortschrittsbesprechungen drei Themen auf der Tagesordnung:

- der Vergleich des geplanten mit dem tatsächlichen Fortschritt,

- die Rückschau auf aufgetretene Probleme und deren Bewältigung,

- die Diskussion über anstehende Probleme und deren Lösungsmöglichkeiten.

Die verschiedenen Rollen des Projektleiters während einer Fortschrittsbesprechung

Die Aufgabe des Projektleiters ist während einer *Fortschrittsbesprechung*, den Stand des Projektes zu erfahren und den weiteren Verlauf zu beeinflussen, auch aktiv, wenn dies notwendig ist. Während der Diskussion spielt der Projektleiter sehr unterschiedliche Rollen (Bild 6.3).

Der Zuhörer

Der Projektleiter sollte sehr genau zuhören, wenn er über Fortschritt, Abweichungen vom Plan, Probleme und vorgeschlagene Lösungen informiert wird.

Es ist nicht nur wichtig, was gesagt wird, es ist auch wichtig, wie etwas gesagt wird! Ist der Mitarbeiter aufgeregt, frustriert, entmutigt? Durch Fragen kann das Gesagte erläutert werden. Die Wiederholung des Gesagten kann dem Zuhörer helfen, sich genauere Eindrücke und Gefühle einerseits zu verschaffen, aber auch über das eigentliche Problem Klarheit zu bekommen, zum Beispiel über Reibereien innerhalb der Arbeitsgruppe (siehe auch Kapitel 9).

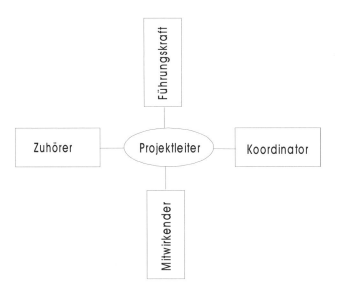

Bild 6.3: *Die Rollen des Projektleiters während der Fortschrittsbesprechung*

Der Mitwirkende

Bei vielen Zwischenbesprechungen verläuft der Fortschritt nach Plan. Es werden aber auch Probleme zu bewältigen sein. Wenn dies erforderlich ist, sollte der Projektleiter zur Lösung aktiv beitragen, zum Beispiel indem er das Projektteam auf weitere Lösungsmöglichkeiten hinweist. Die Erfahrung und das Wissen des Projektleiters ist hier notwendig, um das Projekt vorwärtszubringen.

Der Koordinator

Eine wichtige Rolle des Projektleiters ist, die Einzelschritte des Projektes zu einem funktionierenden Ganzen zusammenzufassen. Was wird vernachlässigt? Wird irgendeine Arbeit doppelt gemacht? Wie kann frei werdendes Personal eingesetzt werden?

Die Führungskraft

Die wichtigste Rolle des Projektleiters ist die des Anführers. Er muss die Bemühungen des Teams immer auf das Erreichen des Projektziels ausgerichtet halten: den Abschluss des Projektes im Budget- und Zeitrahmen, sowie der Einhaltung der Spezifikationen. Gute Leistungen müssen anerkannt, schwache Leistungen korrigiert werden, Interesse und Motivation am Projekt müssen hochgehalten werden.

6.2.2.3 Der Qualitätstest

Qualitätstests werden meist in den Projektspezifikationen zur Qualitätssicherung festgelegt. Typische Tests sind zum Beispiel Belastungsprüfungen bei mechanischen Bauteilen und Werkstoffen.

6.2.2.4 Die Überprüfung

Die Überprüfungen können während eines Projektes, und nachdem es beendet wurde, durchgeführt werden. Übliche Bereiche für Prüfungen sind die Buchhaltung, die Einkaufs- und Sicherheitspraktiken, Wartungsvorgänge oder Auszahlungsbefugnisse. Die Prüfer müssen auf dem jeweiligen Gebiet Experten sein und von außen kommen, also nicht dem Projektteam angehören. Nach der gründlichen Prüfung wird ein Prüfungsbericht verfasst, der detailliert das Ergebnis beschreibt und alles aufzeigt, was von etablierten Richtlinien, genehmigten Handlungsweisen oder vernünftigen Geschäftspraktiken abweicht.

6.2.3 Korrekturmaßnahmen ergreifen

Während des Projektfortschritts und der Leistungsüberwachung wird es immer Zeitpunkte geben, an denen das Projekt hinter dem Plan zurückbleibt. Das erfordert im Allgemeinen immer *Korrekturmaßnahmen*, aber der Projektleiter sollte sich auch davor hüten, zu schnell einzugreifen. Manche Mängel korrigieren sich von selbst. Manchmal wird das Projekt hinter dem Plan her hinken, manchmal wird es schneller fortschreiten als erwartet, aber es wird schließlich „im Plan" abgeschlossen sein. Es wäre unrealistisch, immer einen gleichmäßigen Fortschritt nach Plan zu erwarten.

Wenn die Qualität nicht den Spezifikationen entspricht, wird die Arbeit üblicherweise wiederholt, bzw. nachgebessert werden. Aber auch in diesen Fällen sollte nicht zu voreilig entschieden werden. Vielleicht entspricht die Arbeit dann doch den Anforderungen, wenn sie eingehender geprüft wird. Es sollte dabei genau überprüft werden, wie groß die tatsächliche Abweichung ist, und ob sie eine ernstzunehmende Auswirkung auf das Projekt haben könnte. Wenn dann etwas wiederholt oder nachgebessert wird, ist das eine *Einzelentscheidung* und nicht ein automatischer Vorgang.

Wenn das Projekt tatsächlich dem Plan nachzulaufen beginnt, gibt es mehrere Möglichkeiten, damit umzugehen.

Zuallererst wird überprüft, ob die in der restlichen Zeit verbleibende Arbeit schneller gemacht werden kann und somit die Zeit eingeholt werden kann.

Wenn das nicht mehr möglich ist, können den Mitarbeitern zusätzliche Anreize angeboten werden, die restliche Arbeit doch noch schneller zu erledigen. Solche Zulagen sind durch einen direkten Vergleich mit dem potenziellen Verlust bei verspätetem Abschluss zu rechtfertigen.

Falls das auch nicht möglich oder wirkungsvoll erscheint, kann durch die Erhöhung der Ressourcen die Arbeitsleistung vergrößert werden, zum Beispiel durch Überstunden oder den Einsatz weiterer Arbeitskräfte. Das kostet zwar mehr, kann aber Verluste, bzw. Vertragsstrafen durch Terminüberschreitungen (*Pönale* etc.) verhindern.

Wenn das Projekt das Budget zu überschreiten beginnt, muss auch überlegt werden, wie bei den noch anstehenden Arbeiten Einsparungen erzielt werden können. Andernfalls muss der Projektumfang eingeschränkt werden, oder es muss um mehr Mittel mit dem Kunden verhandelt werden.

In Tabelle 6.4 sind einige solcher Maßnahmen aufgeführt.

Tabelle 6.4: *Maßnahmenkatalog für Korrekturmaßnahmen*

1	**Neu Verhandeln**	Besprechen einer Möglichkeit für eine Fristenverlängerung oder eine Budgeterhöhung mit dem Kunden.
2	**Aufholen**	Wenn bei angeschlossenen Einzelschritten Zeit verlorenging, muss das Budget und der Zeitplan für die restlichen Arbeiten kontrolliert werden. Vielleicht sind dort Einsparungen möglich, um die Kosten- und Zeitvorgaben doch noch einzuhalten.
3	**Eingrenzung des Projektumfangs**	Es können unwichtige Projektschritte (Wunschliste, Kapitel 3) gestrichen werden, um Kosten zu reduzieren und Zeit einzusparen.
4	**Ressourcen erhöhen**	Es können mehr Mitarbeiter und Maschinen für das Projekt eingesetzt werden, um einen wichtigen Termin zu halten. Die Kosten dafür müssen der Wichtigkeit, bzw. dem Nutzen gegenübergestellt werden.
5	**Ersatz suchen**	Wenn etwas nicht zur Verfügung steht oder teurer als erwartet ist, kann ein Ersatz durch vergleichbare Materialien oder Geräte Einsparungen bringen oder die Arbeit erst ermöglichen.
6	**Alternative Quellen**	Kann ein Lieferant nicht im vorgegebenen Zeit- oder Kostenrahmen liefern, sollte sofort ein Ersatz für seinen Lieferumfang gesucht werden. Die vom Lieferanten angebotene Alternative kann aber auch einmal akzeptiert werden, ehe er ausgewechselt wird.
7	**Teillieferungen**	Manchmal kann ein Zulieferer mit Teillieferungen helfen, ein Projekt im Zeitrahmen zu halten und die restliche Lieferung später nachliefern.
8	**Zulagen**	Das Hinausgehen über die Grenzen des ursprünglichen Vertrages oder das Angebot einer Zulage oder ähnlicher Anreize kann die rechtzeitige Lieferung doch noch ermöglichen.
9	**Vertragseinhaltung fordern**	Manchmal ist es durch die nachdrückliche Aufforderung, auch durch die Androhung einer Pönale möglich, sich an getroffene Abmachungen zu halten, das gewünschte Resultat zu erzielen. Am besten ist es jedoch, wenn dies schon Vertragsbestandteil ist. Möglicherweise muss die Geschäftsführung um Unterstützung gebeten werden.

6.3 Der Umgang mit Feedback

Ein Projektleiter hat viele Gelegenheiten, den Mitarbeitern *Feedback*, also eine Rückmeldung über deren Arbeit oder Verhalten zu verschaffen. Durch Feedback lernt der Mitarbeiter, wie sich sein Verhalten auf andere und auf den Erfolg des Projektes auswirkt. Dadurch kann eine gute Leistung gefördert oder eine schwache Leistung verbessert werden. Bild 6.4 zeigt einen *Feedback-Bogen*, der zu einer Verbesserung führt.

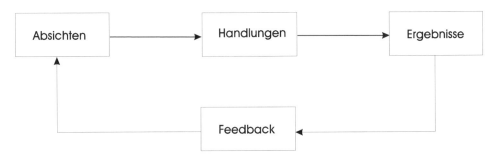

Bild 6.4: *Der Feedback-Bogen*

Sehr wichtig beim Geben von Feedback ist es, sich auf aktuelle, tatsächliche Handlungen und konkrete Ergebnisse zu beschränken, da man die Absicht eines anderen immer nur erraten kann.

Wenn man ein positives Feedback gibt, beschreibt man die Handlungen und Ergebnisse direkt und konkret und schließt eine positive Wertung an. Es wird zum Beispiel gesagt: „Durch Ihren Einsatz gestern Abend konnte der Projektschritt rechtzeitig beendet werden. Ich schätze Ihre zusätzlichen Bemühungen sehr."

In derselben Art und Weise sollte auch ein negatives Feedback formuliert werden. Aber es sollte auch ein weiteres Element eingefügt werden, das dem Mitarbeiter hilft, mit ähnlichen Situationen in Zukunft angemessener umzugehen.

Umgang mit negativem Feedback

    – Beschreiben der beobachteten Handlungen und Resultate.

    – Fragen an die Person, ob dies die von ihr erwarteten Ergebnisse waren.

    – Nach einer typischen Nein-Antwort wird gefragt, welche anderen Handlungen wahrscheinlich das gewünschte Ergebnis gebracht hätten.

    – Besprechen verschiedener alternativer Handlungsweisen, die vom Mitarbeiter selbst initiiert werden. Denn er muss nachher entsprechend handeln.

    – Einigung auf welche Art ähnliche Situationen in Zukunft gehandhabt werden.

Dieses Vorgehen ist allerdings immer nur dann sinnvoll, wenn der Mitarbeiter unabsichtlich unangemessen gehandelt hat. Wenn eine trotzige Ja-Antwort kommt, wird dieses Vorgehen sicher nicht so ablaufen können. Dann müssen andere Methoden angewandt werden, um das Verhalten im Sinne des Projektziels zu verändern (Kapitel 9).

6.4 Kommunikation im Projekt

6.4.1 Projektbesprechungen führen

Projektbesprechungen sind ein sehr wichtiger Bestandteil der Arbeit des Projektleiters. Sie beanspruchen bis zu 20 % seiner auf das jeweilige Projekt bezogenen Zeit.

Verhandlungen sind ein wichtiges Werkzeug, um den Erfolg eines Projektes zu erreichen, zum Beispiel, indem frühzeitig Konflikte beigelegt werden.

Ganz wichtig ist bei Besprechungen das Miteinander, wenn sie zu einem positiven Ziel führen sollen. Es muss sichergestellt werden, dass die Parteien gleichberechtigt sind und dass dies allen bewusst ist. Keine Partei verfügt also über die Macht, um ein Resultat zu erzwingen. Das gerade macht das *Verhandlungsgeschick* aus.

6.4.1.1 Kommunikationsregeln für Besprechungen

Vorbereitung

Der Besprechungsleiter muss das Ziel einer Besprechung, bzw. Verhandlung genau kennen und es den Mitarbeitern ebenfalls möglichst genau mitteilen.

Ein wichtiger Teil der Zieldefinition ist die Überlegung, was zu tun ist, wenn keine Einigung nach den Vorstellungen des Projektleiters oder den Projekterfordernissen erzielt werden kann. Der Einfluss auf das Ergebnis einer solchen Verhandlung basiert auf attraktiven Alternativen, die dann vorgestellt werden können. Je einfacher es für den Projektleiter ist, die Verhandlung abzubrechen oder zu vertagen, desto stärker wird seine Verhandlungsposition.

Alle Teilnehmer einer Besprechung, auch der Projektleiter, sind verpflichtet, die „Hausaufgaben" zu erledigen, das heißt, sie müssen vermeiden, unvorbereitet in der Verhandlung zu erscheinen. Der Projektleiter darf nicht zulassen, dass die Mitarbeiter unvorbereitet kommen. Alle Beteiligten sollten sich die Zeit nehmen (können), die Sie zur Vorbereitung benötigen, selbst wenn sie um Aufschub bitten müssen.

Minimierung von Wahrnehmungsunterschieden

Das Bild des Ereignisses, das sich ein Mensch macht, basiert auf seiner „Geschichte" und seiner Erfahrung. Diese kann sich von dem des Verhandlungspartners deutlich unterscheiden. Deshalb darf man nie davon ausgehen, den Standpunkt des anderen zu kennen. Erst durch Hinterfragen können Unklarheiten beseitigt und eine Übereinstimmung erzielt werden. Deshalb ist es sehr wichtig, sehr deutlich eine Sache zu definieren, damit das Gegenüber das Bild bestätigen oder korrigieren kann.

Dabei helfen Fragetechniken, die im Kapitel 9 vorgestellt werden. Durch diese Fragestellungen wird die Situation genau erfasst. Durch genaue Beobachtung erkennt man, was im Gegenüber vorgeht, um anschließend die richtigen Maßnahmen zu treffen.

Zuhören

Aktives, aufmerksames Zuhören ist für effektives Verhandeln eine Verpflichtung. Der Besprechungsleiter muss die anderen zu Wort kommen lassen. Wenn er über 50% der Zeit selbst redet, hört er eindeutig nicht genug zu.

Dazu gehört auch das Respektieren *stiller Pausen*. Die neuen Eindrücke müssen erst verarbeitet werden, bevor eine Fortsetzung sinnvoll ist. Keiner sollte der Versuchung unterliegen, diese *kreativen Pausen* mit Reden auszufüllen.

Notizen machen

Das Notieren dessen, was besprochen und was beschlossen wird, ist notwendig. Bei einer hohen Beanspruchung ist es nicht sinnvoll, sich auf das Gedächtnis allein zu verlassen. Deshalb werden die getroffenen Übereinkommen in einem Memorandum zusammengefasst. Dieses Memorandum muss neben den Maßnahmen auch die Verantwortlichen und die Fristen nennen. Wenn der Projektleiter das nicht selbst tun kann, bestimmt er jemanden vor der Besprechung dazu.

Kreativität einbringen

Ein zu frühes Beenden der Sitzung oder nörgelnde Kritik an Äußerungen der Mitarbeiter dämpft die Spontaneität der Beteiligten. Für die Problemlösung sollte von Anfang an etwas Zeit für alternative oder ungewöhnliche Lösungsvorschläge eingeräumt werden. Während einer solchen Diskussion können alle Ideen wertfrei, das heißt ohne Kritik, vorgetragen werden. Alle Verhandlungen, aber auch die ganze weitere Zusammenarbeit kann von einem solchen kreativen Vorgehen profitieren.

Die andere Partei unterstützen

Gute Verhandlungspartner erkennen, dass das Problem der Gegenpartei auch das eigene Problem ist. Dazu versetzt man sich in die andere Partei und arbeitet mit ihr gemeinsam eine für alle akzeptable Lösung heraus. Schließlich hält eine Abmachung nur, wenn sie von allen getragen wird.

Kompromisse schließen

„Etwas für nichts" zu geben, sollte vermieden werden. Wenigstens ein Versprechen über den guten Willen oder eine zukünftige Rückzahlung muss für das Geben übrigbleiben. Selbst wenn einem selbst die gemachte Zusage nicht soviel wert wie dem Gegenüber ist, gibt es sicher immer etwas, das einem wichtiger ist als der Gegenseite.

Entschuldigungen rasch einbringen

Wenn man sich während der Verhandlung in der Wahl des Wortes vergriffen hat, ist eine Entschuldigung der schnellste und sicherste Weg, bei dem anderen Menschen die negativen Gefühle abzubauen.

Das ist nicht nur notwendig, wenn es um eine persönliche Entschuldigung geht. Auch eine Entschuldigung über die gegenwärtige, verfahrene Situation kann wirksam sein.

So sollte nicht durch feindselige Bemerkungen zu einem schlechten *Gesprächsklima* beigetragen werden. Feindseligkeit lenkt die Diskussion vom Wesentlichen auf eine Selbstverteidigungsebene, auf der man dem Gegenüber schaden will.

Ultimaten vermeiden

Ein *Ultimatum* verlangt immer, dass die Gegenseite entweder aufgibt oder den Kampf bis zum bitteren Ende ausficht. Weder das eine noch das andere Resultat wird einer zukünftigen, positiven Kooperation in einem Projekt zuträglich sein.

Daher sollte vermieden werden, jemanden in die Enge zu treiben. Das geschieht zum Beispiel, wenn man der Gegenpartei nur Alternativen bietet, die für die andere Seite nicht akzeptabel sind. Dem Gegenüber sollte immer ein Hintertürchen offen gelassen werden.

Realistische Termine setzen

Viele Verhandlungen ziehen sich zu lange hin, weil kein Termindruck (Zeitplan für die Besprechung) besteht. Eine *Deadline* verlangt von beiden Seiten, dass sie ihre Zeit wirksam einsetzen. Ein realistischer Termindruck animiert beide Seiten zu Zugeständnissen und Kompromissen.

Allerdings sind Termine zu vermeiden, die nicht realistisch sind und nicht eingehalten werden können.

6.4.1.2 Organisation von Besprechungen

Je sorgfältiger Besprechungen vorbereitet werden, desto effektiver werden sie für alle Beteiligten sein. Der Projektleiter gibt die Themen der Besprechung möglichst frühzeitig bekannt, damit sich alle Teammitglieder entsprechend vorbereiten und eventuelle Wünsche oder Korrekturen vorab einbringen können. Tabelle 6.5 zeigt das Beispiel einer *Einladung* zu einer Projektbesprechung.

Ist die nächste Besprechung zum Beispiel Montag um 14:00, ist ein realistischer Termin für den Eingang aller Anträge und Themenvorschläge bis spätestens Donnerstag 17:00. Konsequenterweise werden später eingereichte Anträge nicht mehr in dieser, sondern in der darauffolgenden Besprechung berücksichtigt.

Das gilt natürlich nicht für hochbrisante, plötzlich aufgetretene Probleme im Projekt. Dafür kann eine Besprechung möglicherweise vollkommen über den Haufen geworfen werden. Aber das sollte auf jeden Fall die Ausnahme bleiben.

Wenn alles nach Plan läuft, kann am Freitag die *Tagesordnung* für die Besprechung vom Montag bekanntgegeben werden.

Als Grundregel für die Anzahl der Tagesordnungspunkte gilt: 5 ± 2 sind eine sinnvolle Menge. Wichtig dabei ist, dass es keinen Tagesordnungspunkt ohne Aktion gibt. Dies gehört in die Rubrik „Verschiedenes".

Die Dauer einer effizienten Besprechung sollte ca. 1,5 Stunden betragen.

Ist ein Tagesordnungspunkt abgearbeitet, wird er noch einmal vom Projektleiter zusammengefasst. Die Verantwortung wird genau verteilt (wer macht was?) und der Termin zur Fertigstellung wird angegeben (bis wann?). Um diese Aktion verfolgen zu können, wird sich der Projektleiter einen Vermerk „Wiedervorlage" machen. Der Verantwortliche wird von sich aus den Vollzug, bzw. die Erledigung des Punktes mitteilen, wenn erforderlich auch schriftlich.

Das Protokoll, das von wechselnden Teammitgliedern geführt werden kann, enthält die wichtigsten, Informationen der Tagesordnungspunkte, mindestens welche Resultate die Diskussionen ergaben und welche Aktionen festgelegt wurden. Das ist möglicherweise auch wortwörtlich notwendig. Dazu kann der Protokollführer darum bitten, dass ihm die Formulierung zum Mitschreiben wortwörtlich diktiert wird.

Wenn eine Besprechung wegen der anstehenden Probleme schon im Vorfeld als eine „Open-end-Veranstaltung" anzusehen ist, sollten das alle Teammitglieder auch im Vorfeld erfahren, um entsprechende Vereinbarungen, zum Beispiel private zu treffen.

Die Zeitannahmen sind zum Planen der Besprechung notwendig. So können kontroverse oder ausführliche Diskussionen leicht erkannt und eingeplant werden. Ob die Zeiten dann in der Einladung bekannt gegeben werden sollten, muss jeder für sich entscheiden. Wenn sie bekannt gegeben werden, sind sie für alle ersichtlich und können als Steuerungselement vom Besprechungsleiter genutzt werden.

Tabelle 6.5: Beispiel einer Einladung zur Projektbesprechung

Beginn:	14:00	Ende:	16:15
Teilnehmer:	Projektleiter, Herr X, Frau Y		
Uhrzeit	**was?**	**wer?**	**Zeit**
14:00- 14:05	Begrüßung	Projektleiter	5 min
14:05- 14:30	1. Vergleich des geplanten mit dem tatsächlichen Fortschritt	Projektleiter	25 min
14:30- 14:40	Diskussion	alle	10 min
14:40- 15:05	2. Rückschau auf aufgetretene Probleme und wie diese bewältigt wurden	alle	25 min
15:05- 15:20	Diskussion	alle	15 min
15:20- 15:45	3. Diskussion über anstehende Probleme und Lösungsvorschläge	alle	25 min
15:45- 16:00	Diskussion	alle	15 min
16:00- 16:15	4. Verschiedenes	alle	15 min (max. 30 min)
16:15	Zusammenfassung und Verabschiedung	Projektleiter	

6.4.1.3 Präsentationstechniken

An *Präsentationen* werden heute durch die vielen Möglichkeiten der Multimedia sehr hohe Qualitätsanforderungen gestellt. So lassen sich zum Beispiel schon mit sehr einfachen Mitteln Animationen in eine Präsentation einbinden, die mit Hilfe eines Beamers (Monitor-Projektor) den Inhalt des PC-Bildschirms an die Wand projizieren.

Das wird in einem laufenden Projekt immer wieder notwendig sein. Dabei sollten einige Grundregeln beachtet werden:

– Überfrachten Sie Ihre Folien nicht mit Inhalt. 5 ± 2 Punkte kann der Zuhörer gut aufnehmen, mit mehr fühlt er sich überfordert.

– Schreiben Sie groß genug, damit diejenigen in der letzten Reihe Ihre Folie auch noch lesen können. Gedrucktes kann nicht einfach nur vergrößert auf Folie kopiert werden. Das Ergebnis ist meistens ungenügend.

– Wenn Ihre Zuhörer das vorgetragene Thema das erstemal hören, geben Sie Ihnen eine Chance in die Materie einzudringen. Dazu muss klar definiert werden, was beim Vortrag zu erfahren ist und auf welche Art und Weise Sie vorgehen werden.

– Erkundigen Sie sich im Vorfeld, ob nach der Präsentation Zeit für Fragen und Diskussionen vorgesehen ist. Denn, wenn dies nicht der Fall ist, müssen Sie es in Ihrer Vortragsplanung berücksichtigen.

– Überfrachten Sie Ihren Vortrag nicht mit Dingen, die das Thema nur tangieren. Interessierte Zuhörer werden auf Sie zukommen, um weitere Details von Ihnen zu erfahren, die sie besonders interessieren.

In Tabelle 6.6 wird eine allgemeine *Präsentationsgliederung* gezeigt, mit der Präsentationen sehr erfolgreich vorbereitet werden können.

Wie eine Besprechung ist eine Präsentation selbst wieder ein Projekt und muss sinnvollerweise strukturiert werden. Das effektive Vortragen einer Präsentation erfordert vier Schritte: Planen, Vorbereiten, Trainieren und Präsentieren.

Tabelle 6.6: Allgemeine Präsentationsgliederung

Planen	**Informieren Sie sich im Vorfeld über Ihre Zuhörer, indem Sie Fragen über deren**
	Wissensstand,
	Erfahrungen,
	Bedürfnisse,
	Ziele stellen.
	Definieren Sie den Vortragszweck und das Vortragsziel. Wollen Sie
	nur informieren oder auch überzeugen,
	zum Handeln motivieren,
	etwas verkaufen,
	jemanden unterrichten oder ausbilden?
Vorbereiten	**Erarbeiten Sie für sich eine positive Grundstimmung, indem Sie**
	Ihrer Aussage den richtigen Wert beimessen,
	sich Ihren Erfolg vorstellen,
	sich die Reaktion Ihrer Zuhörer vorstellen und sich selbst motivieren.
	Bereiten Sie eine Einleitung vor, die Aufmerksamkeit erregt, indem Sie
	eine Frage stellen, die Ihre Zuhörer direkt anspricht und in die Thematik mit einbezieht,
	Sie von einem relevanten, möglichst aktuellen Ereignis berichten.
	Illustrieren und unterstützen Sie Ihre Argumente mit Begründungen und Anschauungsmaterialien wie
	Statistiken oder Analogien,
	Experimenten oder anderen Demonstrationen,
	Ereignissen,
	bereits vorhandenen Ergebnissen und Beweisstücken.

Tabelle 6.6: *Fortsetzung*

	Bereiten Sie ein einprägsames Schlusswort vor, indem Sie das Publikum zu etwas herausfordern, vielleicht sogar etwas provozieren, oder eine motivierende Aussage machen, den Hauptnutzen Ihres Vortrags in einer überzeugenden Zusammenfassung wiederholen.
Trainieren	**Stärken Sie Ihr Selbstvertrauen, indem Sie sich vor Augen halten, dass Sie** durch Ihre Kompetenz das Recht haben, diese Präsentation zu halten, dieses interessante Thema Ihren Zuhörern zugänglich machen möchten.
	Trainieren Sie Ihre Präsentation und überprüfen Sie Ihr Anschauungsmaterial auf Klarheit und Einprägsamkeit Bedeutung, Sichtbarkeit und optische Wirkung, Qualität.
	Wenn Sie ungeübt sind oder es um "Etwas geht", üben Sie Ihre Präsentation vor vertrauten Zuhörern. Erbitten Sie Feedback und Ratschläge für stilistische und inhaltliche Punkte wie Ihren Vortragsstil, Ihre Körperhaltung und -bewegungen, Ihre Sprache (Sagen Sie immer wieder "äh"?), eine wirksame Einleitung und ein einprägsames Ende, klare Argumente (5 ± 2) und glaubhafte Begründungen etc. logische Gedankenführung ("roter Faden"), die Darstellung der erzielten Ergebnisse
Präsentieren	**Machen Sie sich auch während des Vortragens immer wieder klar, dass Sie** ausgesucht wurden, die Verantwortung tragen und die Gelegenheit wahrnehmen, hier Ihre Ergebnisse darzustellen.
	Sie werden sicher und selbstbewußt durch die Tatsache, dass Sie das Thema beherrschen, Ihre Präsentation gut vorbereitet und eingeübt haben, dem Publikum eine wichtige Aussage vermitteln können.
	Der erste Eindruck ist der wichtigste, deshalb stellen Sie Augenkontakt mit den Zuhörern her, achten Sie auf eine selbstbewußte Körpersprache, entspannen Sie sich, achten Sie auf ein gepflegtes Äußeres.
	Stellen Sie Kontakt zum Publikum her, indem Sie aufrichtig sind und sich natürlich geben, "wir" und "uns" sagen, nicht "Sie" oder gar "die", wenn Sie in einer Gruppe arbeiten, Ihre Zuhörer immer wieder direkt ansprechen und so Ihr Interesse wecken.
	Erhalten Sie sich die Aufmerksamkeit der Zuschauer, indem Sie Begeisterung zeigen, alle fünf Sinne benutzen, um das Thema zu beschreiben, zum Beispiel verwenden Sie neben den Folien (visuell) lebendige Worte (auditiv) oder beziehen die Vorstellungskraft Ihrer Zuhörer (kinästetisch, olfaktorisch, gustatorisch) ein (Kapitel 9), zum Beispiel eine das Thema ausschmückende Geschichte erzählen, sich klar und prägnant ausdrücken und mit Begeisterung sprechen, und eventuell auf die richtige Körperbewegung achten.

Tabelle 6.6: Fortsetzung

	Zur Bestätigung und Verbesserung Ihres Präsentationsstils messen Sie den Erfolg Ihres Vortrags an der Resonanz Ihrer Zuhörer, identifizieren Sie die Stärken und die verbesserungsfähigen Vortragsteile. notieren Sie sich diese Verbesserungen für Ihre nächsten Vorträge.

6.4.2 Erfolgreiches Telefonieren

Währen der Projektarbeit muss sehr viel telefoniert werden. Wer die *Grundregeln der Kommunikation* am Hörer beachtet, kann sich und sein Anliegen effektiv präsentieren.

Gesprächsvorbereitung

Eine gute Vorbereitung und eine klare Zielorientierung wird vom Gesprächspartner garantiert honoriert, weil sie Professionalität und Aufmerksamkeit signalisiert. Dabei kann eine standardisierte Fragenliste helfen, die auf die persönlichen Anforderungen zugeschnitten wird:

- Welche Fragen habe ich?

- Welche Fragen können auf mich zukommen?

- Was beinhaltet der letzte Schriftwechsel?

Jede treffende Antwort macht selbstsicherer.

Die ersten Sekunden

Die ersten Sekunden eines Telefonats entscheiden über Sympathie oder Antipathie, vor allem, wenn der Gesprächspartner noch nicht bekannt ist. Der Begrüßung kommt also eine entscheidende Bedeutung zu.

Die Meldung, wenn man anruft oder angerufen wird, beginnt mit einem Gruß, zum Beispiel „Guten Morgen", „Guten Tag" oder „Guten Abend", dann der Nennung des eigenen Namens, eventuell mit Vor- und Nachname und dem Namen des Unternehmens, eventuell auch die Nennung des Projektes oder der Abteilung. Und das alles langsam und deutlich gesprochen.

Es ist nicht professionell, sich mit „Hallo?" zu melden. Der Anrufer möchte erst einmal wissen, ob er richtig verbunden ist, besonders, wenn er zum erstenmal anruft.

Genauso schlimm ist es, die Namen und Bezeichnungen wie eine lästige Pflicht herunterzuleiern oder im Akkord auszusprechen.

Aktives Zuhören

Am besten fasst man sich kurz. Nach maximal drei bis fünf Sätzen kommt eine Ankerfrage „Was halten Sie davon?". Damit kommt das Gegenüber zu Wort. Auf diese Weise erhält man wichtige Informationen über die Bedürfnisse und die Stimmung des Gesprächspartners. So kann das weitere Vorgehen besser eingeschätzt werden. Dies ist besonders dann angebracht, wenn sich der Gesprächspartner in einer Besprechung befindet oder auf der Autobahn unterwegs ist.

Die Körperhaltung

Aufrechtes Sitzen oder sogar Stehen macht die Stimme freier und fester, weil man besser atmen kann. Dazu sollte der Hörer nicht zwischen Schulter und Wange eingeklemmt werden, auch wenn man beim Gespräch etwas notieren muss, denn dadurch wirkt die Stimme unwillkürlich gedrückt.

Besonders das Aufsprechen auf einen Anrufbeantworter sollte ruhig, deutlich und freundlich sein. Neben dem Anliegen ist die Angabe der Uhrzeit und der eigenen Telefonnummer wichtig, die einmal wiederholt werden sollte.

Das Gesprächsklima

Durch eine persönliche Atmosphäre wird ein angenehmes Gesprächsklima erzeugt. Das beste Mittel dazu ist das Nennen des Namens des Gesprächspartners. Dadurch schafft man eine vertraute Situation.

Auch Worte persönlicher Anerkennung einzustreuen, zum Beispiel: „Danke, dass Sie gleich zurückgerufen haben.", schaffen eine gute Atmosphäre.

Aber alle Übertreibungen sollten natürlich unterlassen werden. Das würde dann wie ein Kalkül und damit unecht wirken.

Vergreift sich einmal ein Gesprächspartner im Ton, zum Beispiel bei einer Reklamation, kann die eigene Freundlichkeit die meisten Attacken im Keim ersticken. Solche Situationen verlangen aber ein Höchstmaß an Einfühlungsvermögen. Gerade diese schwierigen Momente sind es, in denen ein Mitarbeiter beweisen kann, wie kundenfreundlich und flexibel er ist.

Präzision

Genauigkeit ist ein entscheidendes Kriterium für den Erfolg oder Misserfolg eines Telefonats. Gerade wenn Abmachungen über Projektvereinbarungen getroffen werden, können Missverständnisse fatale Folgen haben. Deshalb muss sehr konzentriert zugehört werden.

Wenn man das Gefühl hat, dass beide Gesprächspartner zwar das gleiche sagen, aber nicht das gleiche meinen, sollte höflich nachgefragt und die Absprache präzisiert werden, bis beide Gesprächspartner genau wissen, was sie voneinander erwarten.

Alle Sinne ansprechen

Falls eine Situation oder ein Produkt beschrieben werden muss, das der Gesprächspartner nicht kennt, so sollte es möglichst anschaulich umschrieben werden.

Dabei sollte man versuchen, alle *fünf Sinne* anzusprechen, das *Sehen*, das *Hören*, das *Fühlen*, das *Riechen* und das *Schmecken*. Das Telefon kann zwar keinen Geruch, keinen Geschmack und meist keine Abbildung übermitteln, aber durch die sprachliche Beschreibung allein kann der Gesprächspartner sein eigenes Bild entstehen lassen.

Kurze Zusammenfassung

Zum Abschluss eines Telefonats gehört immer eine kurze Zusammenfassung. Das ist auch eine elegante Möglichkeit, dem Gegenüber zu signalisieren, dass das Telefonat beendet wird. Zum Beispiel leitet die Frage: „Kann ich sonst noch etwas für Sie tun?", das Ende des Gesprächs ein.

Wenn keine Fragen mehr bestehen, wird das Telefonat in knappen, klaren Worten zusammengefasst. Es sollte dann auch noch geklärt werden, ob es beiden hilft, wenn das Resultat schriftlich festgehalten wird.

Informiertheit

Muss das Telefon eines Kollegen oder gar des Projektleiters bedient werden, sollte jedes Teammitglied in einem gut organisierten Projekt immer wissen, wo sich der gewünschte Gesprächspartner wie lange aufhält. Desinteresse demonstrierende Sätze wie: „Der ist noch nicht da" oder „Keine Ahnung, wann die kommt" dürfen niemals fallen.

Stimmungen

Die eigene schlechte Laune oder ein schlechter Tag ist grundsätzlich das eigene Problem, niemals das des Gesprächspartners. Mitarbeiter, die sich nicht beherrschen können, ihren privaten Ärger einzubringen, richten einen irreparablen Schaden an.

Zeiten zum Telefonieren

Es gibt Zeiten, die nicht zum Telefonieren geeignet sind. Zum Beispiel, wenn der Gesprächspartner kurz vor einer Konferenz ist, oder kurz vor Feierabend oder am letzten Tag vor dem geplanten Urlaub.

Auch die einmalige Erlaubnis am Abend privat oder auf Handy anzurufen, ist kein Freibrief, das in Zukunft immer zu tun.

Das offizielle Alphabet

Am besten ist die Verständigung, wenn nach der offiziellen Norm buchstabiert wird. Das hilft dem Gesprächspartner erheblich, die Dinge richtig zu notieren und nicht ständig nachfragen zu müssen. Tabelle 6.7 gibt das offizielle Alphabet für Deutschland, die Schweiz und Österreich wieder.

Tabelle 6.7: *Offizielles Alphabet zum Buchstabieren*

A = Anton	B = Berta	C = Cäsar	D = Dora	E = Emil	F = Friedrich
G = Gustav	H = Heinrich	I = Ida	J = Julius	K = Karl	L = Ludwig
M = Martha	N = Nordpol	O = Otto	P = Paula	Q = Quelle	R = Richard
S = Siegfried	T = Theodor	U = Ulrich	V = Victor	W = Wilhelm	X = Xaver
Y = Ypsilon	Z = Zeppelin	SCH = Schule	Ch = Chor	Ph = Pharao	Ä = Ärger
Ö = Österreich	Ü = Übel				

6.5 Zeit- und Prioritätenmanagement

Die Götter gaben uns ein langes Leben,
aber wir haben es verkürzt
Seneca

Zeitmanagement ist das Kernstück jeglicher Arbeitsmethodik sowie eines erfolgreichen Selbstmanagements. [6.1]

Oft genug hören wir bei Projektbesprechungen oder bei der Verteilung der anstehenden Aufgaben, dass der Mitarbeiter „schon bis oben hin zu" ist. Ein Projektmitarbeiter äußerte sich mit dem Beispiel seiner Whiskeyflaschen, „Wenn ich ein Regal habe für meine zehn Lieblingswhiskeyflaschen und ich stelle noch eine elfte darauf, dann fällt eine runter."

Das ist wahr. Aber wenn es unsere Lieblingswhiskeyflaschen wären, dann würden wir das Problem auch anders lösen. Folgende Antworten in Tabelle 6.8 kommen spontan.

Tabelle 6.8: Problemlösungen bei zu vielen Aufgaben

Auf dem Whiskeyregal	Im Projekt
Ich trinke eine Flasche aus und kann sie durch die neue ersetzen.	Ich beende eine Aufgabe und habe Zeit für die Neue.
Ich verschenke eine der Flaschen, möglicherweise die, die ich sowieso nicht so mag.	Ich prüfe die Prioritäten der anstehenden Aufgaben neu und delegiere die unwichtigeren Aufgaben.

Niemand würde die Flasche fallen lassen. In Projekten wird das trotzdem getan, indem viele den Kopf in den Sand stecken und vergessen.

In vielen Projekten haben die Mitarbeiter tatsächlich genug zu tun. Trotzdem gibt es immer wieder Möglichkeiten, sich selbst zu erforschen und das eigene Zeit- und Prioritätenmanagement neu zu organisieren.

Auch da gilt wieder: Definieren Sie Ziele!

In Kapitel 9 wird noch intensiver auf die Zieldefinition eingegangen. Hier wird auf das Wichtigste anhand der Zeitquadranten von Covey, Merill, Merill [6.2, 6.3] eingegangen, die meiner Meinung nach all das zusammenfassen, was seit Jahrzehnten an Zeit- und Prioritätenmanagement gelehrt wird und es auf den Punkt bringt.

6.1 Seiwert, Lothar J., Das 1 x 1 des Zeitmanagements, Knaur Ratgeber, 1987
6.2 Covey, Stephen R./ Merrill, A. Roger/ Merrill, Rebecca R., First Things First, Fireside by Simon & Schuster, New York, 1995
6.3 Covey, Stephen R./ Merrill, A. Roger/ Merrill, Rebecca R., Der Weg zum Wesentlichen: Zeitmanagement der vierten Generation, Campus Verlag, Frankfurt/ M., New York, 1999

Tabelle 6.9: Zeitquadranten nach Covey, Merill, Merill

	Dringend	**Nicht dringend**
Wichtig	**I Quadrant der Notwendigkeit**	**II Quadrant der Qualität**
	Krisen	Vorbereitung
	Drängende Probleme	Vorbeugung
	Projekte, Besprechungen, Vorbereitungen mit Zeitlimit	Werteklärung
		Planung
		Beziehungsarbeit
		Echte Erholung
		Förderung der Selbstverantwortung
Nicht wichtig	**III Quadrant der Täuschung**	**IV Quadrant der Verschwendung**
	Unterbrechungen, Anrufe	Triviales, Geschäftigkeit
	Manche Post, einige Berichte	Wurfsendungen
	Einige Konferenzen	Anrufe, um sich abzulenken
	Viele anstehende, drängende Angelegenheiten	Zeitverschwendende Beschäftigungen
	Viele beliebte Tätigkeiten	Fluchtaktivitäten

Sie teilen alle Aktivitäten, beruflich oder privat, in vier Quadranten auf, die folgende Überschriften haben

– Quadrant I: dringend und wichtig

– Quadrant II: nicht dringend und wichtig

– Quadrant III: dringend und nicht wichtig

– Quadrant IV: nicht dringend und nicht wichtig

Quadrant I zeigt Dinge, die sowohl dringend als auch wichtig sind. Hier sprechen wir mit dem Kunden, halten einen Termin ein, reparieren eine defekte Maschine, werden am Herzen operiert oder helfen einem weinenden Kind, das verletzt worden ist.

In Quadrant I müssen wir uns aufhalten; es ist der **Quadrant der Notwendigkeit**. Dort steuern wir, produzieren wir und wenden unsere Erfahrungen und unser Urteil auf viele Bedürfnisse und Herausforderungen an. Wenn wir ihn ignorieren, werden wir unter einem Berg von Pflichten begraben. Aber wir müssen auch erkennen, dass viele Angelegenheiten erst durch Zaudern oder durch mangelnde Planung und Vorbeugung dringend werden.

Wir können nicht abwarten, wenn ein Aggregat ausfällt oder mit dem Trösten eines Kindes am nächsten Tag beginnen. Das muss sofort geschehen.

Quadrant II erhält Tätigkeiten, die nicht dringend, aber wichtig sind. Dies ist der **Quadrant der Qualität**. Hier machen wir unsere langfristigen Planungen, beugen abzusehenden Problemen vor, fordern die Selbstverantwortung von uns und anderen, erweitern unseren Horizont und steigern unsere Fähigkeiten durch Lesen und kontinuierliche berufliche Entwicklung, bereiten uns auf wichtige Treffen und Präsentationen vor und engagieren uns durch aufrichtiges Zuhören für tiefe Beziehungen.

Je mehr Zeit wir in diesem Quadranten verbringen, desto größer wird unsere Handlungsfähigkeit. Ein Ignorieren dieses Quadranten lässt den Quadranten I anschwellen und führt zu Stress, Erschöpfung und tiefen Lebenskrisen. Umgekehrt lässt großes Engagement in Quadrant II den Quadranten I schrumpfen. Planung, Vorbereitung und Vorbeugung sorgen dafür, dass viele Dinge erst gar nicht zu dringenden Angelegenheiten werden. Quadrant II wirkt nicht auf uns ein, wir müssen auf ihn einwirken.

Das gilt auch für das Privatleben. Wie oft glauben wir uns mit einem Computerspiel zu erholen oder lassen uns vom Fernseher berieseln, statt spazieren oder ins Bett zu gehen.

Quadrant III ist fast eine Kopie von Quadrant II und enthält Dinge, die dringend, aber nicht wichtig sind. Dies ist der **Quadrant der Täuschung**. Der Trubel des Dringlichen erzeugt eine Illusion von Wichtigkeit. Aber die entsprechenden Tätigkeiten sind höchstens für jemand anderen wichtig. Viele Anrufe, Besprechungen und Zufallsbesucher fallen in diese Kategorie. Wir verbringen viel Zeit in Quadrant III und werden dabei, im Glauben, uns in Quadrant II zu befinden, den Prioritäten und Erwartungen anderer gerecht.

Immer wieder wird in Zeitmanagementseminaren gepredigt, dass verschiedene Arbeiten, zum Beispiel Telefonanrufe, zusammengefasst werden sollen. Der Hintergrund ist, dass wir durch jeden Anruf in unserer Arbeit unterbrochen werden und danach wieder neu beginnen müssen. Das kostet nicht nur Zeit, sondern auch Energie. Ganz zu schweigen, wenn in einer Besprechung fünf Mitarbeiter warten müssen, bis der Projektleiter mit dem Anruf fertig ist. Das kostet fünfmal die Arbeitszeit.

Quadrant IV ist jenen Tätigkeiten vorbehalten, die weder dringend noch wichtig sind. Dies ist der **Quadrant der Verschwendung**. Natürlich haben wir dort eigentlich nichts verloren, aber oft sind wir von unseren Kämpfen in Quadrant I und III so mitgenommen, dass wir uns in Quadrant IV flüchten, um wieder Luft zu bekommen. Und was finden wir dort? Nicht unbedingt erholsame Dinge, denn echte Erholung ist eine wertvolle Quadrant-II-Tätigkeit. Das Lesen von leichten Romanen, das Konsumieren geistloser Fernsehsendungen oder der Kaffeeklatsch im Büro lassen sich der Zeitverschwendung in Quadrant IV zuordnen.

Aber der Quadrant IV dient nicht dem Überleben, er wirkt zersetzend. Wenn die Anfangsfreude über das süße Nichtstun verflogen ist, stellt man fest, dass man in diesem Quadranten nicht nur seine Zeit, sondern auch sich selbst verliert.

Deshalb ist es wichtig, sich selbst immer wieder auf das Wesentliche zu konzentrieren, Ziele zu definieren und immer wieder neu zu definieren, wenn sich die Situation verändert hat.

Ein paar Hinweise zur Planung und Organisation sind in den nächsten Abschnitten erwähnt.

6.5.1 Schriftliche Planung und Terminplaner

Nicht nur die Zieldefinition erfolgt schriftlich, auch die persönliche Planung. Das schriftliche Fixieren forciert uns ganz konkret mit der Aktivität zu befassen. So kann sie auch nicht mehr vergessen werden. Es gibt dafür inzwischen die verschiedensten Methoden, zum Beispiel Ringbücher mit austauschbaren Kalendarien und Papieren oder Kleincomputer, die stets mitgeführt werden können, aber trotzdem die Möglichkeit zum Austausch mit dem Firmennetzwerk haben.

Jeder muss selbst entscheiden, wie er planen will und mit welcher Exaktheit. Früher wurde eine ganz minutiöse Zeitplanung geschult, zum Beispiel 8:45 - 9:30 Telefonate führen, 9:30 - 10:00 Post bearbeiten. Das ist nicht für jeden die geeignete Methode. Statt dessen bevorzugt zum Beispiel ein Mitarbeiter tägliche To-Do-Listen und arbeitet diese ab. Das muss jeder für sich selbst herausfinden.

Aber es funktioniert, durch überlegte Aufgabenbündelung die Arbeit zu optimieren und die Zeitdiebe in den Griff zu bekommen.

Wenn es sich um einen überfüllten Schreibtisch handelt, gibt es nur die vier Möglichkeiten, ihn zu räumen. Sie können die Unterlagen

- – wegwerfen,

- – weiterleiten,

- – ablegen,

- – bearbeiten.

Wenn Sie sich dabei keine weitere Alternative lassen, leert sich der Schreibtisch zusehends. Lassen Sie keine fünfte Möglichkeit zu, möglichst schon bei der Postbearbeitung. Es gibt nichts, was Sie erst einmal zur Seite legen müssen.

Wegwerfen

Als Projektleiter müssen Sie nein sagen können und damit Prioritäten setzen. Das gilt auch für die Papiere auf Ihrem Schreibtisch. Werfen Sie weg, was weg kann. Fragen Sie sich: „Wann haben wir die Unterlagen zum letzten Mal benutzt?" Weniger hilfreich ist die Frage, ob Sie etwas eventuell noch einmal brauchen können. Die Antwort darauf lautet immer: „Ja."

Alles,

- – was unproblematisch zu ersetzen ist (Broschüren, Kataloge, Zeitschriften).

- – was für Sie und Ihren Vorgesetzten nur von geringem Wert oder Interesse ist (Einladungen zu Veranstaltungen, zu denen doch niemand geht),

- – was für Sie nur zur Kenntnisnahme ist,

- – was für Sie und Ihren Vorgesetzten unwichtig ist,

kommt weg. Auch hier ist wieder das Ziel des Projektes gefragt.

Weiterleiten

Weiterleiten ist fast so praktisch wie der Einsatz des Papierkorbs. Sie bekommen mit wenig Aufwand die Stapel vom Schreibtisch. Unterscheiden Sie zwischen Unterlagen, die in Ihren Aufgabenbereich fallen und solchen, die zwar an Sie gerichtet sind, die Sie jedoch nicht selbst bearbeiten müssen. Geben Sie diese Schriftstücke sofort an die entsprechende Person oder Abteilung weiter. Prüfen Sie, wenn möglich, bei den Aufgaben, ob andere sie nicht schneller, besser und kostengünstiger erledigen könnten.

Ablegen

Ablage ist die Tätigkeit, die von den meisten Menschen ungern gemacht wird. Es stapeln sich oft wochenlang Unterlagen, Papiere, Aktennotizen. In der Tat kostet Ablage viel Zeit. Die benötigte Zeit für die Ablage hängt von der Art der Registratur, Hängemappe, Ordner, Pendelhefter ab. Am meisten verbreitet ist der Ordner. Aber die Hängemappe ist die effektivste Form der Ablage bei konventionellem Schriftgut, das heißt bei DIN-A4-Blättern.

Neben den ersparten Personalkosten haben Hängemappen noch weitere Vorteile: kurze Zugriffszeiten, hohe Flexibilität durch die Anpassung ans Volumen, identische Ablage in allen Stufen, sehr gute Übersicht durch Reiter, ideal für den „Einwurf" des Schriftgutes von oben.

Einige Kriterien für eine gute und effiziente Ablage sind

– Die „Wieder-Finde-Rate" ist hoch.

– Nur das wirklich Wichtige wird abgelegt.

– Die Zeit der Ablage pro Schriftstück ist kurz.

– Die Kosten (Personal, Räume, Möbel) für den „Unterhalt" der Ablage sind angemessen.

Bearbeiten

Das sind die Aufgaben, die sie Sie selbst erledigen müssen. Stellen Sie 4 Postkörbe vor sich auf den Schreibtisch und sortieren Sie diese Arbeiten in folgenden Kategorien ein

– Korb A: Lesestoff

– Korb B: Korrespondenz, Post, Gesprächsnotizen u. a.

– Korb C: Telefonate

– Korb D: Sonstige Aktivitäten, beispielsweise Reisekostenabrechnungen, Besprechungsvorbereitung, Reiseplanung

Dann können Sie Ihre Arbeiten durch Aufgabenbündelung strukturieren. es können gleichartige Aufgaben in einem Block bearbeitet werden. Besonders einfach lassen sich Routinetätigkeiten bündeln, beispielsweise Postbearbeitung, Telefongespräche,

Besprechungen mit Ihrem Vorgesetzten, Termine mit Kunden, Angebotserstellung, Rechnungsbearbeitung.

Dabei verschaffen Sie sich auch einen Überblick der anfallenden Routineaufgaben. Für diese Aufgaben können wöchentliche oder gar monatliche Arbeitsblöcke eingerichtet werden.

Für viele Projektleiter reicht diese Sortierung nicht aus, um den Arbeitsalltag zu optimieren. Wenn nicht alle Arbeiten, die anstehen, termingerecht zu erledigen sind, dann müssen diese Aktivitäten auch noch nach Priorität geordnet werden.

Prioritäten entscheiden sich immer nach der Wichtigkeit und nicht ausschließlich nach Dringlichkeit, den Terminen. Die Unfähigkeit, dringende von wichtigen Dingen zu unterscheiden, ist einer der größten Zeitdiebe.

Das PARETO-Prinzip [6.4] ist eine Möglichkeit, die Entscheidung zu beschleunigen. Pareto hat Anfang des 20. Jahrhunderts durch statistische Untersuchung herausgefunden, dass 20 Prozent der italienischen Familien 80 Prozent des italienischen Volksvermögens besaßen. Er hat dann nachgeprüft, ob sich dieses Verhalten auch auf andere Gebiete übertragen lässt. Seine 20:80- oder 80:20-Regel heißt

„Innerhalb einer Gruppe oder Menge weisen einige wenige Teile einen weitaus größeren Wert auf, als dies ihrem relativen, größenmäßigen Anteil an der Gesamtmenge in dieser Gruppe entspricht."

Für Projekte bedeutet das beispielsweise,

- dass 20 Prozent der Projektpartner so wichtig sind, dass sie für 80 Prozent des Projektes stehen,

- dass 20 Prozent der Leistungen 80 Prozent des Projektes bringen,

- dass 20 Prozent der Fehler 80 Prozent des Ausschusses verursachen,

- dass 20 Prozent der Papiere 80 Prozent der für den Projektleiter wichtige Informationen enthalten.

Für die Arbeitsorganisation bedeutet das PARETO-Prinzip grundsätzlich, dass 20 Prozent der Aufgaben so wichtig sind, dass damit 80 Prozent des Arbeitserfolges erreicht werden. Deshalb sollten also nicht zuerst die leichtesten, interessantesten, kürzesten oder die Lieblingsaufgaben erledigt werden, sondern die bedeutendsten oder wichtigsten.

Wenige Dinge oder Menschen tragen zum Erfolg in hohem Maße bei. Die wichtigsten Impulse gehen von einer kleinen Einheit aus. Deshalb ist es so ungemein wichtig, die richtigen Prioritäten zu setzen.

Versuchen Sie so oft wie möglich, nach Wichtigkeit zu entscheiden. Wenn kontrolliert mit der Prioritätenbildung umgegangen wird, ist man gelassener, auch wenn abends noch Arbeit auf dem Schreibtisch liegt. Der Projektleiter kann dann sicher

---

6.4 Vifredo Pareto, italienischer Volkswirt und Soziologe (1848 - 1923)

sein, dass er die wichtigsten und damit die richtigen Aufgaben erledigt hat. Die anderen müssen warten.

Was ihn hindert, die Prioritäten konsequent zu verfolgen, sind Störungen: Unerwartetes, Spontanes, seine Abneigung „nein" zu sagen und auch sein „innerer Schweinehund". Aber der größte „Unsicherheitsfaktor" in der Planung ist jedoch die Fremdbestimmung. Auch diese Fakten müssen mit eingeplant werden. Es muss jedes Mal eine neue Entscheidung getroffen werden, ob und an welcher Stelle diese Aufgaben erledigt werden. Nicht alles, was eilig ist, ist auch wirklich wichtig.

Zusätzlich muss auch die eigene Leistungskurve mitberücksichtigt werden. Die Fragestellung „Wann ist die beste Zeit für welche Arbeit?" klären die meisten Führungskräfte für sich, indem sie vor oder nach der Kernzeit ihre Aufgaben in Ruhe abarbeiten, weil sie nur dann ungestört sind.

6.6 Konfliktmanagement

6.6.1 Ursachen von Konflikten

Überall, wo Menschen in enger Beziehung zueinander stehen, gibt es eine große Anzahl von Konfliktherden, die – unbewältigt – einen Teil unserer verfügbaren Energie blockieren.

Denn, was für eine Abteilung oder eine Gruppe am besten ist, ist nicht immer für alle anderen ideal. Dennoch können aus solchen Konflikten sehr kreative Lösungen entstehen, wenn man sie richtig handhabt. Geschickte *Konfliktlösung* ist eine wichtige Fähigkeit eines erfolgreichen Projektleiters.

Allgemeine Konfliktursachen

Zahlreiche Konflikte entstehen dadurch, dass jeder Mensch im Lauf seines Lebens die unterschiedlichsten Erfahrungen sammelt und gesammelt hat. So entsteht sein Bild von der Welt. Jeder entwickelt durch seine Familie, mit deren Werten und Einstellungen, seinem Umfeld, seiner Kultur und nicht zuletzt durch die Menschen, denen er tagtäglich begegnet, einen ganz eigenen Charakter und daraus bestimmte Erwartungen gegenüber seinen Mitmenschen.[6.5]

Hier ist ein großes Potenzial für Konflikte. Verschiedenste Erwartungen und Einstellungen treffen aufeinander. Zu Beginn einer Beziehung ist zunächst kein Verstehen der „Andersartigkeit" vorhanden. Diese muss wahrgenommen und schließlich akzeptiert werden. Im besten Fall wird sie nachvollzogen und verstanden. Nur wenn man sich selbst kennt und andere in ihrem Andersein würdigt, kann man auf andere Rücksicht nehmen. Meist, weil die Menschen nicht unnötig Streitigkeiten provozieren und/oder auch mit Respekt behandelt werden wollen. Andererseits zeigt diese Rücksichtnahme schon eine intensive Beziehung zwischen diesen zwei Menschen

---

6.5 vgl. Weyer, Simone; Konfliktmanagement im Projekt, Diplomarbeit FH Bochum, Fachbereich Wirtschaft, 2004

an. In den Konfliktlösungsmethoden werden die Beziehungen zwischen zwei oder mehreren Menschen ausführlicher untersucht.

Um das Konfliktpotenzial zu reduzieren, ist es sehr wichtig, nicht sofort von sich auf andere zu schließen. Die eigene Sichtweise, die eigenen Erwartungen, die eigene Art etwas anzupacken ist nicht die einzig Richtige. Aber anders sein ist auch nicht gleichbedeutend mit schlechter. Für einen anderen haben nicht die gleichen Dinge dieselbe Gültigkeit wie für einen selbst. Jeder Mensch hat eine ihm eigene Verfahrensweise, eine eigene Einstellung für sich entwickelt.

Eine geschärfte Wahrnehmungsfähigkeit für andere und ihre Handlungen ist eine wichtige Voraussetzung für das Erkennen der Unterschiede. Vorteilhaft ist ebenfalls, soweit möglich, fremden Menschen vorurteilsfrei zu begegnen sowie empathisches Einfühlungsvermögen. Erkennt man die Gründe für ein abweichendes Verhalten, fällt es deutlich leichter dieses zu verstehen und zu akzeptieren. Ist das Zusammenleben von gegenseitigem Verständnis und Akzeptanz geprägt, gestaltet es sich angenehmer. Dispute müssen nicht eskalieren und können konstruktiver sein.

Motamedi[6.6] nennt fünf Gründe als Konfliktursachen

- Digitalisierung,

- eigene Drehbücher der Erfahrung,

- sich selbst erfüllende Prophezeiungen,

- divergierende Ziele und Interessen,

- Werte und Grundsätze.

Die Digitalisierung, also die Reduktion der Information durch die Sprache, engt die Vielfalt der Ausdrucksmöglichkeiten unseres Denkens und Fühlens stark ein. Kommunikation ist viel mehr als das gesprochene oder gar geschriebene Wort. Die Komplexität der Kommunikation wird im Kapitel 9 ausführlich besprochen.

Bei jedem Menschen sind Drehbücher der Erfahrung vorhanden. Er speichert sein Wissen und seine Erfahrungen in solchen Drehbüchern ab und aktiviert sie bei Bedarf. Beispielsweise existieren Drehbücher für Begrüßungen, Telefonate oder Restaurantbesuche und bestimmen die Handlungsabfolge. Zusätzlich werden durch sie Erwartungen und Einstellungen geprägt. Je komplexer die Alltagserfahrungen sind, desto geringer ist die Aufnahmefähigkeit für das tatsächliche Geschehen. Die daraus resultierende Unflexibilität macht uns handlungsunfähig und birgt ein großes Potenzial für Konflikte.

Sich selbst erfüllende Prophezeiungen tun ihr übriges. Laut Watzlawick[6.7] laufen diese Prophezeiungen sowohl bewusst als auch unbewusst ab. Ist unser Verhalten durch eine bestimmte Einstellung geprägt, reagieren die Menschen entsprechend

6.6 Motamedi, Susanne, Konfliktmanagement. Vom Konfliktvermeider zum Konfliktmanager. Grundlagen, Techniken, Lösungswege. Offenbach, 2. Auflage, 1999, S. 78
6.7 Wazlawick, Paul; Anleitung zum Unglücklichsein; Piper; 2003

darauf. So diktiert die sich selbst erfüllende Prophezeiung sozusagen den anderen das Verhalten.

Ein erfolgreiches Gespräch kann nur geführt werden, wenn beide Parteien den Willen zur Kooperation, zur Verständigung miteinander haben. Das Ganze wird umso einfacher, je ähnlicher sich die Ziele sind. Haben die Parteien divergierende Ziele und Interessen gestaltet sich das Gespräch problematisch. Dann ist es sinnvoll, zuerst eine Zieldefinition durchzuführen (Kap. 9 Zielbefragung), um zu klären, inwieweit die jeweils angesteuerten Ziele harmonieren. Danach können die mit dem Ziel verbundenen Interessen erläutert und geklärt werden.

Werte und Grundsätze sind feste Bestandteile einer jeden Persönlichkeit. Sie wurden im Laufe des Lebens angelegt und prägen sie maßgeblich. Konflikte, die in diesem, sehr sensiblen Bereich entstehen, wirken auf der Gefühlsebene. Mit der In- Frage-Stellung der Werte und Grundsätze einer Person wird immer auch die Persönlichkeit in Frage gestellt.

Projektspezifische Ursachen

Neben den vielfältigen Möglichkeiten im zwischenmenschlichen Bereich gibt es eine Menge von Konfliktursachen im Team während der Teamentwicklung. Dieser Prozess wird als Ablauf beschrieben, der sich in verschiedenen Phasen vollzieht[6.8]. Während dieses Prozesses läuft die Teamuhr (Bild 6.5), die in ihren einzelnen Phasen Prozesse im Team begleitet

- I. Orientierungsphase oder Forming: das Team formiert sich,

- II. Konflikt- oder Abgrenzungsphase oder Storming: die Teammitglieder grenzen sich gegeneinander ab und geraten so auch aneinander,

- III. Kooperations- oder Klärungsphase oder Norming: die Teammitglieder treffen Verabredungen,

- IV. Arbeitsphase oder Performing: die Teammitglieder arbeiten produktiv zusammen,

- V. Abschiedsphase oder Mourning: das Team löst sich nach Erreichen des Projektziels auf.

6.8 Gerda Süß, Dieter Eschlbeck, Der Projektmanagement-Kompass, S. 183, Gabriele Birker, Klaus Birker, Teamentwicklung und Konfliktmanagement, S. 52

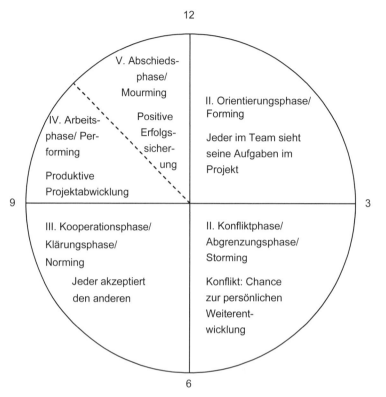

Bild 6.5: Die Teamuhr

In der Orientierungsphase oder im Forming der Teamentwicklung erfolgt das erste Kennenlernen. Zu diesem Zeitpunkt sind die Rollen und die unterschiedlichen Verhaltensmuster, die von einer Stelle bzw. Position erwartet werden, noch nicht festgelegt. Es herrscht diesbezüglich noch Unsicherheit, das Verhalten zueinander ist höflich. Im Verlauf findet jedes Teammitglied seine Position und lernt seine Kollegen besser kennen. Wenn jeder weiß, wie er die anderen einschätzen muss und seinen Platz gefunden hat, ist diese Phase abgeschlossen.

Während der Konflikt- oder Abgrenzungsphase oder im Storming stellen die Teammitglieder mitunter fest, dass die zuerst getroffenen Vereinbarungen geändert werden müssen, weil sie so nicht durchführbar sind. Möglich ist auch, dass einzelne Mitglieder versuchen, sich einen zu großen Einfluss oder eine unangemessene Position zu erobern. Daraus entwickeln sich ganz automatisch Konflikte. In dieser Phase ist der Projektleiter ebenfalls Teilnehmer dieses Prozesses.

Den vorausgehend beschriebenen Phasenablauf findet man so oder ähnlich bei allen Projekten, er vollzieht sich automatisch. Aber er vollzieht sich niemals gleich. Jedes Team besteht aus Individuen, deshalb erfolgt auch der Ablauf für jedes Team individuell. Keine Phase kann verhindert oder verkürzt, lediglich unterstützt oder behindert werden. Manche vertreten sogar die Meinung, dass, sollte eine Phase übersprungen werden, diese zu einem späteren Zeitpunkt nachgeholt werden müsse.

Ähnliches passiert bei einer so genannten Teamerschütterung, das heißt eine Verän-
derung der Teamstruktur, zum Beispiel bei Aus- oder Neueintritt eines Team-
mitglieds. Im Anschluss daran beginnt der Phasenablauf von vorn.

Die Kenntnis dieses Verlaufs ist wichtig, damit insbesondere die Storming- oder
Konfliktphase nicht behindert oder abgebrochen wird. Werden hier Konflikte ver-
drängt, können diese weiterschwelen und die Teamarbeit unter Umständen immer
wieder stören. Folglich obliegt es dem Projektleiter, diese Prozesse so zu steuern,
dass die Phasen so optimal wie möglich durchlaufen werden, so kurz wie möglich,
aber so lange wie nötig, so dass die produktive Phase schnellstmöglich erreicht
werden kann.

Leider ist es aber häufig so, dass der Projektleiter die Konflikte im Projektteam erst
gar nicht sehen will. Das geht meist so lange gut, bis der offene Krieg ausgebrochen
ist, und die Probleme nicht mehr zu übersehen sind. Häufig greift er erst dann ein
und beginnt zu schlichten.

Das ist aber ein sehr verlustreicher Weg, denn die Parteien haben schon eine lange
Zeit einen Großteil ihrer Energien auf den Konflikt gerichtet, statt mit all ihrer
Energie das Projekt voranzutreiben.

Die Konflikte im Storming haben zahlreiche Gründe. Sie können zwischen leistungs-
starken und leistungsschwachen Teammitgliedern entstehen, da der Leistungsunter-
schied zuweilen als Legitimation angesehen wird, Vorteile gegenüber anderen zu
genießen.

Ferner können Autoritätskonflikte und Machtkonflikte, insbesondere zwischen dem
Projektleiter und einzelnen Teammitgliedern, entstehen. Auch Rangfragen bieten
Konfliktpotential, das heißt, dass Personen, die einem Team bereits lange angehören, einen besonderen Rang genießen und somit neue Mitglieder erst eine Art Probe
bestehen müssen, um als gleichberechtigtes bzw. vollwertiges Mitglied angesehen
zu werden.

Auch eine zu geringe oder zu schlechte Führung des Teams durch den Projektleiter
führt zu Konflikten. Füllt die Führungskraft ihre Rolle nicht genügend aus, entsteht
ein Führungsvakuum [6.9]. Eine Person aus dem Team wird ohne Legitimation die
Ersatzführung übernehmen.

Schlechte Führung mit intransparenter Informationspolitik, Sonderrechten, Inkonse-
quenz oder Konfliktvermeidung verursacht ebenfalls Spannungen im Team. Unterschiedliche Informationsstände bzw. Informationsdefizite stellen in Projekten ebenso
eine häufige Ursache für Konflikte dar. Kommen Informationen zu spät, unvollständig, verzerrt, falsch oder gar nicht an, schadet das dem Projekt sehr und führt zu
Auseinandersetzungen zwischen den Beteiligten.

Über- und Unterforderung können ebenfalls eine Quelle für Spannungen sein. Die
Konsequenzen der Überforderung treten schnell zu Tage, während die Unter-

---

6.9 vgl. Haeske, Udo, Team- und Konfliktmanagement. Teams erfolgreich leiten, Konflikte konstruktiv
lösen. Berlin, 1. Auflage 2002, S. 75

forderung zu Frustration und Langeweile führt und folglich zur Beschäftigung mit anderen Themen oder gar zu destruktivem Verhalten.

Neid und Rivalität bieten gleichfalls Konfliktpotenzial, da unter diesen Umständen persönliche Interessen und nicht die Projektziele im Vordergrund stehen.

Die Unterstützung des Phasenablaufs obliegt dem Projektleiter, so dass das Team möglichst schnell zueinander findet sowie zügig zur produktiven Phase gelangt.

In der Kooperations- oder Klärungsphase oder im Norming treffen die Teammitglieder konstruktive Verabredungen und Verhaltensweisen, die bis zur Abschiedsphase oder im Mourning anhalten. Dann löst sich das Team nach Erreichen des Projektziels auf.

6.6.2 Konfliktlösungsmethoden

Um Konflikte beizulegen, gibt es immer mehrere Methoden. Allen Methoden liegen Beziehungsgrundmuster zugrunde, die abhängig davon sind, wie die Personen zueinander stehen. Die verschiedenen Lösungsmöglichkeiten werden im Bild 6.6 dargestellt. Konflikte können auf „meine Art", auf „deine Art" oder auf „unsere Art" gelöst werden. Daraus ergeben sich verschiedene Strategien.

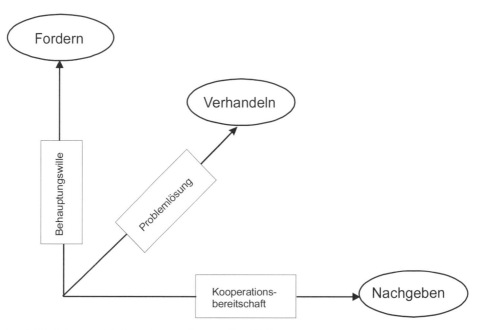

Bild 6.6: *Die verschiedenen Strategien zur Konfliktlösung*

Nahezu jede Strategie, um einen Konflikt beizulegen, basiert auf einem Zusammenspiel von *Behauptungswillen* und *Kooperationsbereitschaft*. Dieses Zusammenspiel wird häufig von Emotionen beeinträchtigt, wodurch es manchmal schwer ist, immer einen befriedigenden Ausgang für alle Parteien zu finden. Wenn man bemerkt, dass eine Diskussion sehr stark durch persönliche Emotionen der einen oder anderen Person bestimmt wird, sollte die Diskussion um eine Weile verschoben werden, um sie später wieder aufzunehmen.

In der Zwischenzeit kann man Einzelgespräche mit den jeweiligen Parteien führen, um die Hintergründe besser zu verstehen. Auch hier können die Werkzeuge aus Kapitel 9 hilfreich sein.

Behauptungswille und Kooperationsbereitschaft

Die meisten Menschen tendieren zu verhärteten Positionen, wenn ihnen eine Angelegenheit sehr wichtig ist und wenn sie sich ihrer Behauptung sicher sind. Sie werden nachgiebig, wenn sie sich als weniger einflussreich als das Gegenüber fühlen.

Die meisten Menschen sind kooperativ, wenn sie die Gegenpartei respektieren, wenn die Beziehung zur Gegenpartei wichtig ist und wenn sie auf die Gegenpartei angewiesen sind, um eine Entscheidung durchzusetzen.

Die Wechselwirkung dieser beiden Faktoren findet sich in den *Konfliktlösungsstrategien* wieder.

Fordern und Nachgeben

Forderungen sind im allgemeinen anmaßend und wenig kooperativ. Sie zeigen die Siegeszuversicht und die Wichtigkeit des Themas für die fordernde Partei an. Sie können aber auch durch das Desinteresse an der Beziehung und dem Fehlen einer Abhängigkeit von der Gegenpartei gekennzeichnet sein.

Einfaches Nachgeben ist eine sehr kooperative Taktik, die aber im Allgemeinen wenig Behauptungswillen zeigt. Entweder ist dem Gegenüber das Thema nicht wichtig oder das Wissen darüber ist zu gering, um eine Auseinandersetzung zu bestehen. Aber es wäre auch möglich, dass man dem anderen einfach seinen Willen lässt, um eine gute Beziehung zu ihm herzustellen oder zu erhalten.

Die problemorientierte Lösungsstrategie zeigt sowohl einen hohen Behauptungswillen als auch eine große Kooperationsbereitschaft. Sie signalisiert, dass es um ein wichtiges Thema geht, aber auch eine gute fortlaufende Beziehung mit der anderen Seite erwünscht ist.

Das Verhandeln

Verhandeln ist mit beiden Faktoren besetzt, dem Behauptungswillen und der Kooperationsbereitschaft. Verhandeln beginnt, wenn ein wichtiges Thema von gleichrangigen Partnern angesprochen wird. Jede Seite muss bereit sein, ein Stück nachzugeben, um eine konstruktive Lösung zu erreichen. Verhandeln ist auch ein guter Ersatz, wenn eine gemeinsame Problemlösung ohne eindeutiges Ergebnis geblieben ist.

Jede dieser Strategien hat ihren geeigneten Anwendungsbereich. Häufig beschränkt man sich auf eine „anerzogene" Strategie zur Konfliktlösung und wendet sie in jeder

Situation an. Der trainierte Konfliktpartner erkennt aber, in welcher Situation welche Strategie angebracht ist, und hat somit durch die Wahlmöglichkeit eine größere Erfolgschance.

Diese Verhaltensmuster sind in den verschiedenen Konfliktlösungsmethoden wiederzufinden. Ob es sich nun um die Einbeziehung einer weiteren Person handelt, die wie in der *Mediation* wie ein Vermittler fungiert oder ob beide Parteien versuchen, nach der *Harvard-Methode* einen Kompromiss zu erzielen. Es geht immer darum, dass eine Problemlösung gefunden wird, mit der beide Parteien leben können können nen.

Um zum gewünschten Erfolg zu kommen, ist aber immer die kooperative Beziehung zwischen den Parteien wichtig.

Die Verhandlungsstrategie führt aber nur dann zum Erfolg, wenn beide Parteien tatsächlich kooperationsbereit sind. Wenn es sich um verhärtete Positionen oder Nein-Sager einer oder beider Parteien handelt, wird man durch Verhandeln kaum oder nur mühevoll einen Erfolg erzielen.

6.7 Testen Sie Ihre Fortschritte

Nun können Sie in Tabelle 6.10 Ihr Wissen überprüfen. Die Auswertung des Tests befindet sich in Kapitel 11.

Tabelle 6.10: Test zum 6. Kapitel: Welche Aussagen sind richtig oder falsch?

Nr.	Frage	richtig	falsch
1	Verhandlungen über Materialien und Dienstleistungen zu führen, ist nicht die Aufgabe des Projektleiters.	☐	☐
2	Kontrolle ist die Schlüsseltätigkeit während der Durchführungsphase.	☐	☐
3	In der Planungsphase entwickelte Spezifikationen, Zeitpläne und Budgets werden in der Durchführung zu Maßstäben, an denen der Projektfortschritt gemessen wird.	☐	☐
4	Kontrollpunkt-Erkennung spart normalerweise keine Zeit.	☐	☐
5	Ein Projektkontrollchart fasst Informationen über die Qualitätsdimension eines Projektes zusammen.	☐	☐
6	Ein Milestone-Chart ist für die Projektplanung nicht ausführlich genug.	☐	☐
7	Budgetinformation lässt sich für Kontrollzwecke nicht als Liniendiagramm darstellen.	☐	☐
8	Tests bieten wichtige Informationen über die Qualitätsdimension eines Projektes.	☐	☐
9	Persönliche Inspektionen sind die wirkungsloseste Art, den Projektfortschritt zu überwachen.	☐	☐
10	Rechnungsprüfungen werden nur am Projektende vorgenommen, um das Budget nachzuprüfen.	☐	☐
11	Bei einer Fortschrittsbesprechung ist gutes Zuhören erforderlich.	☐	☐
12	Jede, den Spezifikationen nicht entsprechende Arbeit muss wiederholt werden.	☐	☐
13	Verlorene Zeit kann oft bei späteren Schritten wettgemacht werden.	☐	☐

Tabelle 6.10: Fortsetzung

14	Der Einsatz von mehr Ressourcen kann dem Kunden auf lange Sicht Geld sparen.	☐	☐
15	Es ist nie annehmbar, die Bedingungen eines Projektes nach dem Start neu zu verhandeln oder zu revidieren.	☐	☐
16	Wirksames Feedback konzentriert sich auf Handlungen, Ergebnisse und die Reaktionen auf diese.	☐	☐
17	Es ist nicht wichtig, bei der Vermittlung von Feedback deutlich zu kommunizieren, da der Gesprächspartner bereits weiß, worum es geht.	☐	☐
18	Erfolgreiche Verhandlungen erfordern einen Machtvorteil der anderen Partei gegenüber.	☐	☐
19	Bei Verhandlungen hat derjenige eine gute Position, der attraktive Alternativen anbietet.	☐	☐
20	Nachgeben ist niemals eine gute Strategie zur Konfliktbeilegung.	☐	☐

7 Projektabschluss

7.1 Das Projekt zu einem erfolgreichen Ende bringen

Das Ziel des Projektmanagements ist, dass das Ergebnis des Projektes vom Auftraggeber akzeptiert wird, und/ oder dass das Unternehmen mit der Durchführung des Projektes Gewinne macht.

Der erste Punkt bedeutet, dass der Auftraggeber entscheidet, dass den Qualitätsspezifikationen der Projektparameter entsprochen wurde. Um den reibungslosen Ablauf dieser Bewertung zu garantieren, müssen Auftraggeber und Projektleiter von Beginn des Projektes an klare Leistungskriterien definiert haben. Diese können zwar im Laufe des Projektes angepasst und verändert werden, aber alle Veränderungen müssen mit deren Auswirkungen auf den Zeitplan und das Budget im Vertrag festgehalten, bzw. mit dem Auftraggeber abgestimmt werden.

Es sollte bei allen Leistungskriterien darauf geachtet werden, dass sie messbar und konkret, also objektiv nachvollziehbar sind. Das ist natürlich nicht immer exakt möglich, sollte aber immer angestrebt werden, um spätere Probleme bei der Leistungsabnahme zu vermeiden. Ein wichtiges Kriterium ist auch, welchen Zweck das Projekt erfüllen wird.

Das Projekt muss nicht mit der Lieferung an den Auftraggeber vollkommen abgeschlossen sein. Die Technische Dokumentation, zum Beispiel Betriebsanleitungen, Pläne und der Abschlussbericht, folgt im Allgemeinen nach der Auslieferung bzw. Fertigstellung. Ebenso sind häufig Schulungen des Bedienpersonals ein Vertragsbestandteil. Üblicherweise folgt auch nach der Auslieferung, bzw. Fertigstellung ein Leistungstest, zum Beispiel in Form eines Dauertests oder eine Probezeit, in der eine besondere Gewährleistung festgelegt wird.

Nach Beendigung eines Projektes müssen die Projektmitarbeiter in neue Projekte bzw. Aufgaben integriert werden. Überschüssiges Material und Gerät müssen entsorgt werden und in Anspruch genommene Einrichtungen werden ihrem ursprünglichen Einsatz zurückgegeben. Die Einsatzstelle für die Montage oder Baustelle müssen aufgelöst werden.

Ein wichtiger, letzter Schritt nach der Beendigung eines Projektes ist eine *Bewertung* des Projektes. Durch diese Rückschau auf das Gesamtprojekt werden die gewonnenen Erfahrungen und Erkenntnisse noch einmal betrachtet, um sie bei zukünftigen Projekten anzuwenden. Die Rückschau findet im Allgemeinen im Rahmen einer Gruppendiskussion mit den wichtigsten Projektmitarbeitern statt.

7.2 Checkliste zum Projektabschluss

Häufig ist der Projektleiter schon mit einem anderen, neuen Projekt beschäftigt und muss das alte noch zum Abschluss bringen. Eine Checkliste zum Projektabschluss, in der die verschiedenen Aktivitäten zum Ende eines Projektes vom Projektleiter kontrolliert und abgehakt, bzw. noch zur weiteren Ausführung delegiert werden können, zeigt Tabelle 7.1. Sie kann ihm die Arbeit erleichtern.

Tabelle 7.1: Liste zum Projektabschluss

1	Projektergebnis auf Funktionstüchtigkeit überprüfen.	☐
2	Bedienungsanleitung schreiben.	☐
3	Pläne anfertigen.	☐
4	Projektergebnisse an Auftraggeber ausliefern.	☐
5	Personal des Auftraggebers im Gebrauch des Produktes, bzw. der Einrichtung schulen.	☐
6	Projektmitarbeiter versetzen.	☐
7	Überschüssiges Gerät und Material entsorgen.	☐
8	Nicht mehr benötigte Einrichtungen und Räumlichkeiten zurückgeben.	☐
9	Die aufgetretenen Probleme und die eingesetzten Lösungen zusammenfassen.	☐
10	Technische Fortschritte festhalten.	☐
11	Empfehlungen für die zukünftige Entwicklung zusammenfassen.	☐
12	Das durch die Zusammenarbeit Gelernte zusammenfassen.	☐
13	Leistungsberichte über die Mitglieder des Projektteams schreiben.	☐
14	Allen Mitarbeitern ein Feedback über ihre Leistung geben.	☐
15	Schlussprüfung durchführen.	☐
16	Schlussbericht schreiben.	☐
17	Projektrückblick mit den Kernmitarbeitern führen.	☐
18	Das Projekt für abgeschlossen erklären.	☐

7.3 Fragen zur Bewertung von Projekten

Folgende Fragen können helfen, aus den gemachten Erfahrungen am abgeschlossenen Projekt Nutzen für zukünftige Projekte zu ziehen. Je sorgfältiger dies geschieht, desto besser ist es für die zukünftigen Projektteams.

Deshalb ist es sicher nützlich, diese Fragen in schriftlicher Form zu beantworten und an die Geschäftsleitung weiterzugeben. Da der Projektleiter aber wiederum auch „Fehler eingestehen" muss, funktioniert dieser offene Vorgang nur, wenn ein Vertrauensverhältnis zwischen den einzelnen Parteien herrscht.

– Erreichte das Projekt den geplanten Zeitplan? Ergeben sich daraus für die zukünftige Zeiteinteilung Änderungen? Welche?

– Konnte der geplante Kostenrahmen eingehalten werden? Ergeben sich daraus für die zukünftige Budgeteinteilung Änderungen? Welche?

– Entsprach das Projektergebnis nach dem Abschluss ohne Nachbesserung den Kundenspezifikationen? Mussten zusätzlichen Arbeiten geleistet werden, um dies zu erzielen? Ergeben sich daraus für die zukünftige Ausarbeitung der Projektspezifikationen Änderungen? Welche?

– Ergeben sich daraus für den zukünftigen Personaleinsatz Änderungen? Welche?

– Ergeben sich für die zukünftige Leistungsüberwachung Änderungen? Welche?

– Welche Änderungen ergeben sich für zukünftige Korrekturmaßnahmen?

– Welchen technischen Fortschritt gab es bei diesem Projekt?

– Sind Hilfsmittel und Techniken durch dieses Projekt in Zukunft verfügbar?

– Können Empfehlungen für die zukünftige Entwicklung des Unternehmens gegeben werden?

– Können Erfahrungen im Umgang mit Dienstleistern und Lieferanten weitergegeben werden?

– Welche Änderungen würden sich bei einer nochmaligen Durchführung des Projektes ergeben?

7.4 Testen Sie Ihre Fortschritte

In Tabelle 7.2 können Sie wieder Ihr Wissen über dieses Kapitel überprüfen. Die Auswertung des Tests befindet sich in Kapitel 11.

Tabelle 7.2: Test zum 7. Kapitel: Welche Aussagen sind richtig oder falsch?

Nr.	Frage	richtig	falsch
1	Die Arbeit des Projektleiters endet mit der Übergabe des Projektresultats an den Auftraggeber.	☐	☐
2	Der Auftraggeber muss vor Anlauf des Projektes den Leistungskriterien zustimmen.	☐	☐
3	Objektive, messbare Leistungskriterien sind leicht zu entwickeln.	☐	☐
4	Die Betriebsanleitungen zu schreiben und das Personal des Auftraggebers in der Bedienung des Projektresultats zu schulen, sind Teil der Abschlussphase.	☐	☐
5	Normalerweise muss man sich am Ende eines Projektes keine Sorgen um überschüssiges Gerät oder Material machen.	☐	☐
6	Die Zuteilung neuer Aufgaben an die Projektmitarbeiter ist einer der letzten Schritte beim Abschluss eines Projektes.	☐	☐
7	Die Verantwortung des Projektleiters endet mit dem Abschluss einer letzten Prüfung und dem Schreiben eines Schlussberichts.	☐	☐
8	Es nützt nach Abschluss des Projektes nur wenig, Zeit damit zu vergeuden, die gemachten Erfahrungen zu bewerten.	☐	☐
9	Bei der Projektdurchführung ergeben sich oft technische Fortschritte, die es wert sind, anderen Abteilungen, bzw. der Unternehmensleitung mitgeteilt zu werden.	☐	☐
10	Werden die gewonnenen Projekterfahrungen nicht festgehalten, gehen sie meist verloren und können anderen Projektleitern nicht übermittelt werden.	☐	☐

8 Projektmanagement-Programm

Durch die geeignete Projektmanagement-Software wird eine umfassende Projekt-steuerung und ein effizienter Informationsaustausch erreicht. Der Projektleiter geht von der *individuellen* Planung weg hin zur *unternehmensweiten* Planung.

Aufgrund der weiten Verbreitung der Microsoft Windows Plattform, zum Beispiel Windows NT oder Windows 2000, benutzen viele Unternehmen die Projektmanage-ment-Software „Microsoft® Project 2000", bzw. die neueste Version „Microsoft® Project 2002" zur Projektsteuerung, da durch die Kommunikationsmöglichkeiten zwischen den verschiedenen Anwenderprogrammen viele Anforderungen der An-wender erfüllt werden.

Im Folgenden wird das Programm Microsoft® Project (MS Project) etwas genauer vorgestellt. Die Verfasserin weist aber ausdrücklich darauf hin, dass es nicht das einzig verfügbare Programm zur Projektsteuerung auf dem Markt ist.

Durch die Netzwerkfähigkeit werden die Anforderungen nach verbesserter Kommu-nikation und Zusammenarbeit vieler Projekte erfüllt. Das bedeutet im Einzelnen, dass der Projektleiter

- eine gute *Kontrolle* über die Projektpläne hat,
- die effiziente *Kommunikation* im Projektteam aufrecht halten kann,
- ein leistungsfähiges Werkzeug zum Erstellen anwenderdefinierter Planungs-lösungen zur Hand hat.

Im Rahmen dieses Buches kann nur eine kurze Einführung in die Software gegeben werden. In der einschlägigen Literatur, zum Beispiel[8.1] und Artikel zur neuesten Version finden interessierte Anwender weitere Hinweise.

Die Unterschiede zu früheren Versionen von MS Project werden von Microsoft ausführlich beschrieben[8.2].

8.1 Kontrolle über Projektpläne

Mit MS Project kann der Projektleiter Termin-, bzw. Projektpläne erstellen und weitergeben.

8.1 Kuppinger, Martin/Reister, Steffen; Jäger, Matthias Microsoft Project 2002 – Das Handbuch –, Microsoft Press Deutschland, 2003

8.2 Produktinformationen zu Microsoft Project 2002, Microsoft GmbH

MS Project verfügt über ein Planungsmodul, das

- die Projekte in Einzelschritten genau plant und überwacht. Damit behält der Projektleiter den Überblick über alle Details im Projekt.

- durch Funktionen, zum Beispiel die Unterbrechung von Einzelschritten (Vorgängen) währen der Arbeit, die Änderung der Verfügbarkeit der Ressourcen oder die Änderung der Kostensätze während eines Projektes, die Projektrealität gut wiedergibt.

8.1.1 Projektterminierung und -überwachung

Vorgangsunterbrechung

Der Projektleiter kann Vorgänge unterbrechen. Er klickt zuerst auf die entsprechende Schaltfläche auf der Symbolleiste und unterteilt den Vorgang dann durch Ziehen des Mauszeigers in kleinere Segmente. Dann kann er einen Vorgang in beliebig viele Teilvorgänge unterteilen, wobei die Dauer der Unterbrechungen keinerlei Rolle spielt (Bild 8.1).

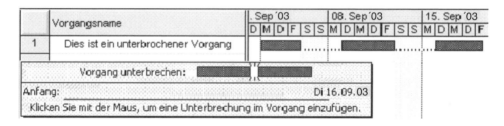

Bild 8.1: *Vorgangsunterbrechung durch Ziehen des Mauszeigers über den Vorgangsbalken im Balkendiagramm*

Arbeitsprofile

Das Programm gestattet dem Projektleiter das *Planen* und die *Überwachung* der Projektarbeit für einzelne Zeiträume. Er kann die Arbeit seinen eigenen Spezifikationen zuordnen, zum Beispiel monatlich, wöchentlich oder täglich. Er kann auch vordefinierte Arbeitsprofile (Bild 8.2) verwenden, um dem Programm mitzuteilen, wie die Arbeit der Ressource auf die Dauer der Zuordnung zu verteilen ist. Selbst wenn zunächst ein vordefiniertes Profil (Tabelle 8.1) verwendet wird, kann der Projektleiter später immer noch die zugeordnete Arbeit anpassen, damit sie seinen Anforderungen entspricht.

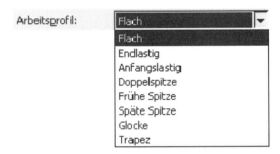

Bild 8.2: *Die Dropdown-Liste der vordefinierten Arbeitsprofile im Dialogfeld* **Informationen zur Zuordnung**

Tabelle 8.1: *Darstellung der vordefinierten Profile*

endlastig	Glocke	Doppelspitze	frühe Spitze	anfangslastig	späte Spitze	Trapez

Leistungsgesteuerte Terminplanung

In einigen Fällen möchte der Projektleiter alle vorhandenen Ressourcen auf bestimmte Vorgänge konzentrieren, damit die Arbeit dort schnellstmöglich erledigt wird. Wenn beispielsweise ein Mitarbeiter für das Anstreichen einer Wand abgestellt wurde, könnte ein zweiter Anstreicher eingesetzt werden (Bild 8.3), damit die Wand in der Hälfte der ursprünglich angesetzten Zeit fertig wird.

Bei MS Project wird die Dauer eines Vorgangs automatisch verlängert oder verkürzt, wenn einem Vorgang ein Mitarbeiter zusätzlich zugeordnet oder abgezogen wird. Die Änderung wird übernommen. Der Gesamtarbeitsaufwand für den Vorgang ändert sich jedoch nicht.

	❶	Vorgangsname	Dauer	KW 11	KW 12	KW 13	KW 14
1		Anettes Büro anstreichen	11 Tage				Matthias

	❶	Vorgangsname	Dauer	KW 11	KW 12	KW 13	KW 14
1		Anettes Büro anstreichen	5,5 Tage			Matthias;Dirk	

Bild 8.3: *Die leistungsgesteuerte Terminplanung*

Verfügbarkeitsdatum der Ressourcen

Die meisten Projektleiter können die Ressourcen nicht völlig unabhängig einteilen oder direkt verwalten. Sie müssen mit anderen Abteilungen oder Projektleitern verhandeln, um die benötigten Mitarbeiter zu bekommen. Dann ist es am besten, dass er für die Verhandlung den Zeitrahmen genauestens kennt, in dem die Ressource für die Arbeit verfügbar sein und wie sie während dieser Zeit arbeiten soll.

Der Projektleiter kann die Anfangs- und die Endtermine des Einsatzes der Ressourcen festlegen sowie den Arbeitsumfang, den sie in das Projekt investieren soll.

Der Arbeitsumfang oder die **Verfügbaren Max. Einheiten** können als Dezimalzahl oder als Prozentsatz ausgedrückt werden (Bild 8.4). Wenn der Projektleiter einem Vorgang eine Ressource zuordnet, die in diesem Zeitrahmen schon anderweitig verplant ist, wird sie automatisch als überlastet gekennzeichnet, da ihre Verfügbarkeit nicht gewährleistet ist.

Ein Abgleichalgorithmus verteilt die Arbeit dann um diesen Termin herum, wenn die Termine für die Zuordnungen zwecks Ausgleich der Arbeitsbelastung neu festgelegt werden.

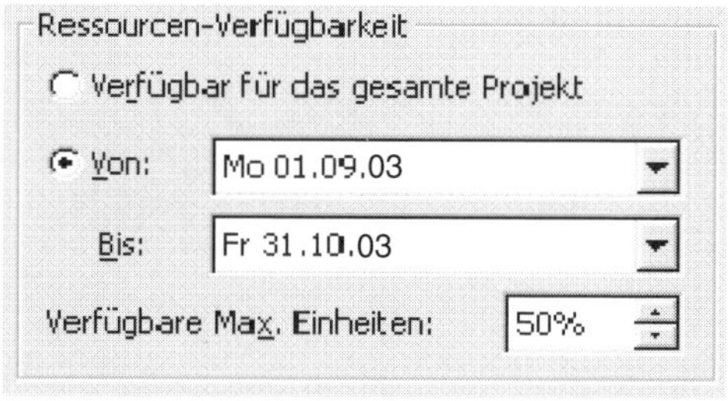

Bild 8.4: *Die Verfügbarkeit der Ressource im Dialogfeld **Informationen zur Ressource***

Variable Ressourcensätze

Änderungen bei Löhnen und Gehältern können im Zeitverlauf durchgeführt werden, damit der Projektleiter die Kosten genau überwachen kann. Für jede Ressource gibt es eine Tabelle (Bild 8.5), die die Kostensätze mit den Zeitattributen enthält. Diese Kostensätze werden zur Berechnung der Projektkosten verwendet, wenn die Ressource Arbeiten für das Projekt ausführt.

Die Projektkosten werden zu dem Satz berechnet, der bei Ausführung der entsprechenden Arbeiten gilt. Der Projektleiter kann Änderungen der Vergütungssätze in diese Tabelle schreiben, indem er entweder direkt einen neuen Satz festlegt oder indem er einen höheren oder niedrigeren Prozentsatz eingibt. Das Programm berechnet den neuen Satz dann automatisch.

Außerdem können bis zu fünf verschiedene Kostensatztabellen verwendet werden, um einer Ressource verschiedene Kostensätze für unterschiedliche Tätigkeiten zuzuweisen. Beispielsweise kann für eine Ressource ein Stundensatz von 120 € für die eine Tätigkeit und gleichzeitig ein Stundensatz von 140 € für eine höherwertige Tätigkeit gelten. Der Projektleiter gibt den Kostensatz an, indem er die entsprechende Kostensatztabelle zuordnet.

Die Fälligkeit der Kosten kann zudem auf drei verschiedene Arten angegeben werden: anteilig, bei Beginn oder bei Ende der Zuordnung.

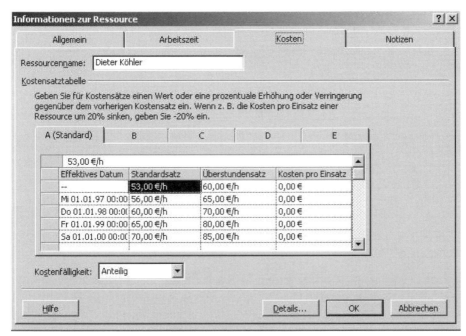

Bild 8.5: *Eingabe der Kostensätze über die Registerkarte* **Kosten** *des Dialogs,* **Informationen zur Ressource**

Ansichten für Vorgänge und Ressourcen

Um das Betrachten und Bearbeiten von Projektinformationen mit Zeitattributen zu ermöglichen, werden zwei tabellarische Ansichten bereitgestellt, die die detaillierte Planung und Überwachung gestatten.

Diese Auslastungsansichten verfügen über kontextbezogene Hilfe und Kontextmenüs, deren angezeigte Datenelemente, Zeitskala und Format der angezeigten Daten (Farbe, Schriftart etc.) vollständig nach den eigenen Vorstellungen eingestellt werden können.

– Die Ansicht **Vorgang: Einsatz** zeigt auf der linken Seite die Vorgänge mit den zugeordneten Ressourcen (Bild 8.6), die sich jeweils eingerückt in der Zeile unter dem Vorgang befinden. Die rechte Seite zeigt die Zeitangaben zu den Zuordnungen des Vorgangs.

– Im Dialogfeld **Informationen zur Zuordnung** (Bild 8.8) können die Anfangs- und Endtermine der Zuordnungen bearbeitet und damit die Arbeiten bestimmten Zeitpunkten zugewiesen werden. Es kann auch ein vordefiniertes Arbeitsprofil oder eine entsprechende Kostensatztabelle für die jeweilige Ressource ausgewählt werden. In der **Registerkarte Überwachung** können auf diese Weise Angaben zum Fortschritt eingegeben werden (Bild 8.9).

		Vorgangsname	Einzelheiten	02. Mrz '04				
				M	D	M	D	F
	1	Marketing-Plan verteilt	Arbeit					
	2	⊟ **Unternehmenskommunikation**	Arbeit	16h	16h	16h	16h	16h
	3	Start Unternehmenskommunikation	Arbeit					
	4	Kommunikationsplan verteilt	Arbeit					
	5	⊟ Verpackung	Arbeit	8h	8h	8h	8h	8h
		Dieter Köhler	Arbeit	8h	8h	8h	8h	8h
	6	⊟ Datenblätter	Arbeit	8h	8h	8h	8h	8h
		Dieter Köhler	Arbeit	8h	8h	8h	8h	8h
	7	⊟ Einzelhandelspaket	Arbeit					
		Dieter Köhler	Arbeit					
	8	Wettbewerbsvergleich	Arbeit					
	9	Demonstrationsskript	Arbeit					
	10	⊟ Arbeitsmodell	Arbeit					
		Erich Rauh	Arbeit					

Bild 8.6: *Die Ansicht* **Vorgang: Einsatz** *mit den Vorgangsnamen und den zugeordneten Ressourcen*

– Die Ansicht **Ressource: Einsatz** zeigt die Ressourcen (Bild 8.7) und, darunter eingerückt, die jeweils zugeordneten Vorgänge. Im Wesentlichen stimmt das Format dieser Ansicht mit der Ansicht **Vorgang: Einsatz** überein und bietet einen guten Überblick über die gesamte Arbeit, die einer Ressource für einen bestimmten Zeitraum zugewiesen ist. Das Kontextmenü führt die Felder auf, die dem Zeitskalabereich dieser Ansicht hinzugefügt werden können.

		Ressourcenname	Einzelheiten	02. Mrz '04			
				M	D	M	D
	2	⊟ Erich Rauh	Arbeit				
		Arbeitsmodell	Arbeit				
	3	⊟ Barbara Herder	Arbeit	8h	8h	8h	8h
		Kreative Unterlagen entwickeln	Arbeit				
		Konzepte entwickeln	Arbeit	8h	8h	8h	8h
	4	⊟ Katrin Niemeier	Arbeit				
		Planung Markteinführung	Arbeit				
	5	⊟ Praktikant	Arbeit	8h	8h	8h	8h
		Arbeitsmodell	Arbeit	8h	8h	8h	8h
			Arbeit				
			Arbeit				
			Arbeit			Einzelheitenarten...	
			Arbeit		✓ Arbeit		
			Arbeit		Aktuelle Arbeit		
			Arbeit		Kumulierte Arbeit		
			Arbeit		Überlastung		
			Arbeit		Kosten		
			Arbeit		Verbleibende Verfügbarkeit		

Bild 8.7: *Die Ansicht* **Ressource: Einsatz** *mit den Ressourcennamen und die zugeordneten Vorgänge*

Dr. H.-J. Rosner

– Im Dialogfeld **Informationen zur Zuordnung** (Bild 8.8) können die An-
fangs- und Endtermine der Zuordnungen bearbeitet und damit die Arbeiten
bestimmten Zeitpunkten zugewiesen werden. Es kann auch ein vordefiniertes Arbeitsprofil oder eine entsprechende Kostensatztabelle für die
jeweilige Ressource ausgewählt werden. In der **Registerkarte Überwachung** können auf diese Weise Angaben zum Fortschritt eingegeben werden
(Bild 8.9).

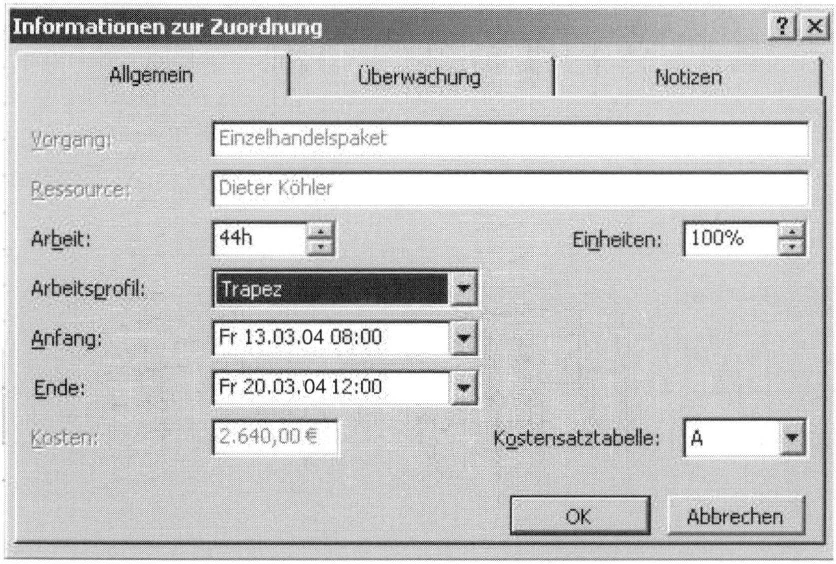

Bild 8.8: *Die Registerkarte **Allgemein** im Dialogfeld **Informationen zur Zuordnung***

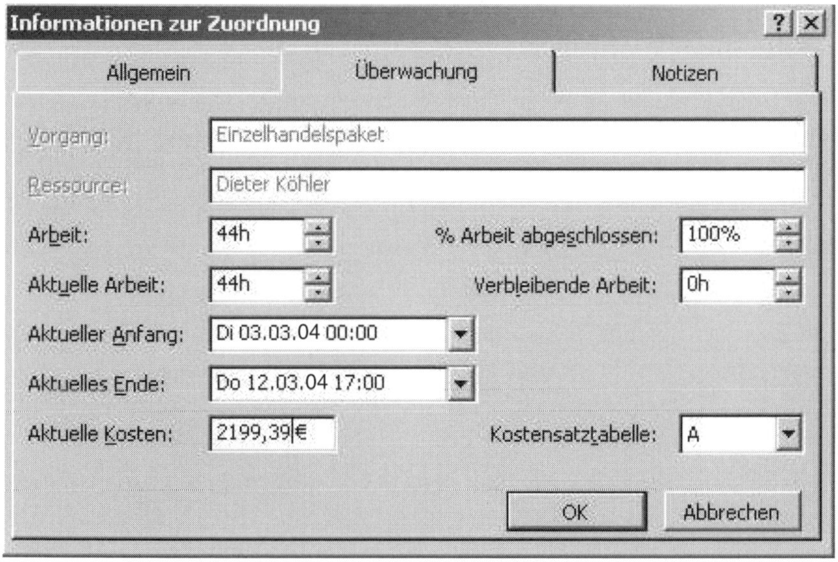

Bild 8.9: *Die Registerkarte **Überwachung** im Dialogfeld **Informationen zur Zuordnung***

Projektstatusdatum

Projektleiter legen zeitrelevante Informationen über Arbeit und Kosten fest. Sie müssen aber auch überwachen, bis zu welchem Datum das Projekt den Terminplan noch einhält.

MS Project bietet ein *Projektstatusdatum*, das in der Projektdatei gespeichert ist und nur durch die beabsichtigte Eingabe des Projektleiters geändert werden kann (Bild 8.10). Es wird als vertikale Linie im Balkendiagramm dargestellt. Es wird im Dialogfeld **Gitternetzlinien** formatiert, das über das Menü **Format** aufgerufen wird.

Bild 8.10: *Das Projektstatusdatum ist im Dialogfeld* **Projekt-Info** *festgelegt*

8.1.2 Management mehrerer Projekte

Für die Anzahl der Projekte ist keine Obergrenze festgelegt. Damit können viele Projekte nebeneinander gesteuert werden. Zusätzlich gibt es einige nützliche Werkzeuge für das Koordinieren von Ressourcen und Vorgängen zwischen den Projekten. Die Funktionen zur Verwaltung mehrerer Projekte in MS Project werden im Folgenden durch einige Beispiele gezeigt.

Eingefügte Projekte

Durch eine Funktion kann der Projektleiter vollständige vorhandene Projekte auf jeder beliebigen Ebene in die Gliederung eines übergeordneten Projekts einfügen. Das eingefügte Projekt kann dann ausgeblendet bzw. eingeblendet werden, um alle Details des Projektes im Kontext des übergeordneten Projektplans zu betrachten.

Dabei wird entweder eine Kopie des Unterprojektes eingefügt, die den Stand zu einem bestimmten Zeitpunkt repräsentiert. Oder es wird eine Verknüpfung zwischen übergeordnetem und untergeordnetem Projekt eingerichtet. Damit werden Änderungen, die in einem der beiden Pläne vorgenommen werden, automatisch auch in dem anderen angezeigt (Bild 8.11). Das im Beispiel dargestellte *Gesamtprojekt* besteht aus drei separaten Projekten: dem Plan für den Online-Katalog, der Infrastruktur für den Online-Katalog und dem Plan für den gedruckten Herbstkatalog.

Die eingefügten Projekte dürfen sich auf jeder Gliederungsebene befinden und ihnen stehen genau dieselben Funktionen zur Verfügung wie den eigenständigen Einzelprojekten.

Um ein Projekt einzufügen, klickt man einfach auf die Zeile, in die das Projekt eingefügt werden soll, und dann im Menü **Einfügen** auf **Projekt**.

Ein weiteres Merkmal der eingefügten Projekte ist, dass projektübergreifende Verknüpfungen als normale Abhängigkeitslinien angezeigt werden. Die externen Vorgänge erscheinen nicht, wodurch redundante Vorgangsinformationen ausgeblendet werden.

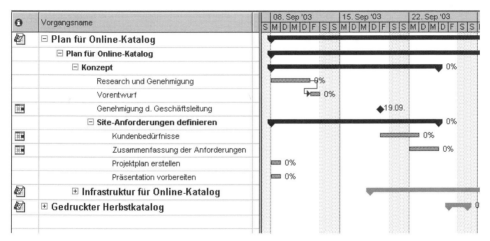

Bild 8.11: *Gesamtprojekt aus drei separaten Projekten*

Projektübergreifende Verknüpfungen

Viele Projektleiter verwalten ein oder mehrere Projekte, deren Vorgänge abhängig voneinander sind oder Verknüpfungen aufweisen. Das Modellieren dieser Abhängigkeiten erfolgt durch einfaches Drag & Drop zwischen den verschiedenen Vorgängen in einem *zusammengeführten Projekt* oder durch Bearbeiten des Felds **Vorgänger/Nachfolger** im Einzelprojekt.

Die *Statusüberwachung* einer projektübergreifenden Abhängigkeit geschieht mühelos mit Hilfe von Platzhalter-Vorgängen, die als grau formatierte Balken im Balkendiagramm (Bild 8.12) angezeigt werden und den aktuellen Status der externen Vorgänge darstellen.

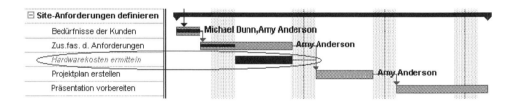

Bild 8.12: *Externe Abhängigkeiten als grau formatierte Vorgänge im Balkendiagramm*

Durch das Dialogfeld **Verknüpfungen zwischen Projekten** werden alle Veränderungen bei externen Abhängigkeiten des Projekts nach dem Öffnen der Datei ersichtlich (Bild 8.13). Dieses Dialogfeld enthält nützliche Angaben, die den Projektleiter über den Status der anderen Projektpläne informieren. Die Änderungen, die sich auf den eigenen Terminplan auswirken, können entweder angenommen oder abgelehnt werden.

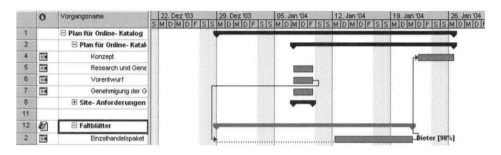

Bild 8.13a: *Projektplan*

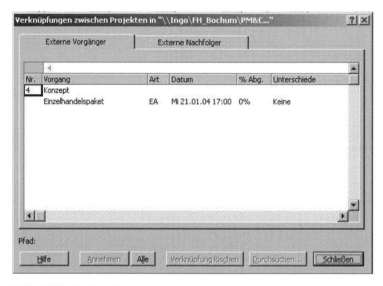

Bild 8.13b: *Verknüpfungen*

Ressourcenpool

Für den Projektleiter ist die Aufgabe, mehrere Terminpläne zu verwalten, sehr komplex, nicht zuletzt, weil die Ressourcen oft gemeinsam mit anderen Projekten genutzt werden müssen.

Das Programm gestattet dem Projektleiter, eine schreibgeschützte Momentaufnahme des Ressourcenpools zu öffnen (Bild 8.14), damit er den Status der gemeinsam genutzten Ressourcen einsehen kann. Wenn er Änderungen übernehmen will, die andere Projektleiter vorgenommen haben, kann er die Option „Pool erneut laden" verwenden, um die neuesten Änderungen herunterzuladen. Wenn er selbst Aktualisierungen vornimmt, die sich auf die Ressourcen im Pool auswirken, kann er diese Änderungen den anderen Projektleitern mit der Funktion „Pool aktualisieren" mitteilen (Bild 8.15). Die Ressourcenpool-Funktion gibt dem Projektleiter die Kontrolle und die Flexibilität, die er in einer Umgebung mit mehreren gleichzeitig laufenden Projekten benötigt.

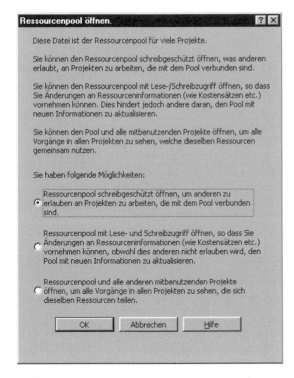

Bild 8.14: *Möglichkeiten des Ressourcenpools*

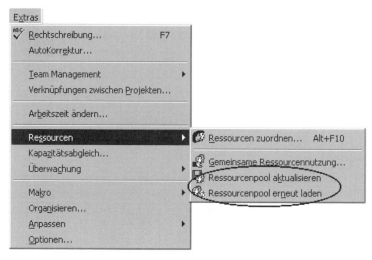

Bild 8.15: *Die Funktionen Ressourcenpool aktualisieren und Ressourcenpool erneut laden*

Leistungsgrenzen

Die Leistungsgrenzen sind für viele Organisationseinheiten (Tabelle 8.2) ausreichend. Der Projektleiter kann detaillierte Pläne selbst für sehr große und komplexe Projekte erstellen.

Tabelle 8.2: *Leistungsgrenzen in MS Project*

Anzahl der Vorgänge, bzw. der Ressourcen	nur durch Hardware eingeschränkt
Anzahl der Ressourcen, die einem Einzelvorgang zugeordnet werden, bzw. Anzahl der Vorgänge, denen eine einzelne Ressource zugewiesen werden kann, bzw. Anzahl der Vorgänger, bzw. Nachfolger pro Vorgang	kein Limit pro Vorgang
maximale Ressourceneinheiten pro Zuordnung	10.000 Einheiten oder 1.000.000%
Anzahl der Gliederungsebenen	100
Anzahl der Unterprojekte, bzw. Anzahl der geöffneten Projektdateien, bzw. Anzahl der Kalenderausnahmen pro Kalender, bzw. Anzahl der zusammengeführten Projekte	1.000
Anzahl der Dateien, die den Ressourcenpool nutzen	999
Anzahl der geöffneten Fenster	50

8.1.3 Analysewerkzeuge

Die Analysewerkzeuge helfen dem Projektleiter, potenzielle Probleme genauer zu betrachten und die Methoden zu verbessern, mit denen er den Projekterfolg messen kann.

AutoFilter

Mit der Funktion **AutoFilter** kann mit Hilfe von Dropdown-Listen am oberen Ende jeder Spalte eine Ansicht verwendet werden, um interaktiv bestimmte Vorgänge, Ressourcen oder Zuordnungen in Projekten herauszufiltern (Bild 8.16).

	❶	Vorgangsname ▼	Arbeit ▼	Dauer ▼	Anfang ▼	Ende ▼
1	⊞	Marketing-Plan verteilt	0 Std.	(Alle)		Di 16.03.04
2		⊞ **Unternehmenskommu**	**1.680 Std.**	(Benutzerdefiniert…)		Do 27.05.04
11		⊞ **Werbung**	**280 Std.**	Heute		Mi 07.04.04
16		⊟ **Öffentlichkeitsarbeit**	**144 Std.**	Morgen		Fr 28.05.04
17	⊞	PR-Startsitzung	0 Std.	Diese Woche		Mo 18.01.04
18		⊟ Planung Markteinführu	144 Std.	Nächste Woche		Mi 10.02.04
		Katrin Niemeie	*144 Std.*	Dieser Monat		*Mi 10.02.04*
19	⊞	PR-Plan verteilt	0 Std.	Nächster Monat		Do 04.03.04
20	⊞	Langfristig geplante Pi	0 Std.	Fr 02.01.04		Do 01.04.04
21	⊞	Wöchentliche Presset	0 Std.	Mo 05.01.04		Fr 28.05.04
				2 Tage	Do 27.05.04	Fr 28.05.04

Bild 8.16: *Benutzung der Funktion AutoFilter*

Anwenderdefinierte Filter

Der Projektleiter kann auch dynamische Filter mit natürlichem Sprachgebrauch verwenden und auch eine anwenderdefinierte Auswahl mit Hilfe der Dropdown-Liste vornehmen, um eigene Filter mit mehreren Bedingungen zu erstellen und diese auch für die zukünftige Anwendung zu sichern. So kann er sich mühelos auf spezielle Einträge im Projektplan konzentrieren.

– MS Project unterstützt das Gruppieren auf einer Ebene im Dialogfeld **Definition Filter in '<Name>'**. Im Dialogfeld sind diejenigen Operatoren fett dargestellt, die Gruppen von Bedingungen in dem Dialogfeld zur anwenderdefinierten Filterdefinition unterteilen, während Operatoren innerhalb derselben Gruppe von Aussagen nicht fett formatiert, sondern eingerückt sind.

– Die Ausdrücke sind so dargestellt, dass sie intuitiv erschließbar sind, zum Beispiel „größer oder gleich". Die als Symbole eingegebenen Testbedingungen werden automatisch in die entsprechende Zeichenfolge der Testbedingung umgewandelt (<> wird automatisch umgewandelt in „ist ungleich") (Bild 8.17).

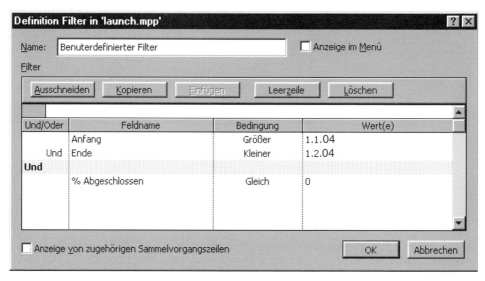

Bild 8.17: *Die Eingabe von anwenderdefinierten Filtern*

Ertragswertberechnungen und -kurven

Das Programm kann mit dem Planungsmodul die Ertragswertdaten genau berechnen. Der Projektleiter kann diese Informationen dazu verwenden, die geplante Arbeit und die geplanten Kosten mit den tatsächlichen Werten zu vergleichen, um zu prüfen, welchen Fortschritt das Projekt gemacht hat. Damit sind die künftigen Abweichungen leichter zu erfassen.

Für den Export von zeitrelevanten Daten hilft ihm ein „Assistent" eine anschauliche Darstellung zu erzeugen. Dieser zeigt ihm Schritt für Schritt den Ablauf des Datenexports in das Tabellenkalkulationsprogramm Microsoft Excel. Er wird über die Symbolleiste **Analyse** aufgerufen.

Zusätzlich zum Export der bereits bekannten Ertragswertfelder, zum Beispiel SKAA (Soll-Kosten bereits abgeschlossener Arbeit) und IKAA (Ist-Kosten bereits abgeschlossener Arbeit) und KA (aktuelle Kostenabweichung), können weitere 15 zeitrelevante Felder zwecks Analyse und Kurvenerstellung exportiert werden.

Fälligkeitstermine der Festkosten

Der Projektleiter legt selbst fest, wann die Projektkosten fällig werden. Er kann wählen, ob die Festkosten zu Beginn, zum Ende oder anteilig im Verlauf des Vorgangs anfallen (Bild 8.18).

	🛈	Vorgangsname	Fälligkeit fester Kosten	Gesamtkosten	Geplant	Abweichung	Aktuell
1		⊟ **Plan für Online- Katalog**	**Ende**	**0,00 €**	**0,00 €**	**0,00 €**	**0,00 €**
2		⊟ **Plan für Online- Kat**	**Ende**	**0,00 €**	**0,00 €**	**0,00 €**	**0,00 €**
3	📅	Konzept	Ende	0,00 €	0,00 €	0,00 €	0,00 €
4	📅	Research und Ge	Ende	0,00 €	0,00 €	0,00 €	0,00 €
5	📅	Vorentwurf	Ende	0,00 €	0,00 €	0,00 €	0,00 €
6	📅	Genehmigung der	Ende	0,00 €	0,00 €	0,00 €	0,00 €
7		⊞ **Site- Anforderunge**	**Ende**	**0,00 €**	**0,00 €**	**0,00 €**	**0,00 €**

Bild 8.18: *Festlegung der Fälligkeit der Festkosten*

Eingegebene aktuelle Kosten

Die Funktion **Vom Anwender eingegebene aktuelle Kosten** ist verfügbar, wenn der Projektleiter im Menü **Extras** auf **Optionen** klickt und die Registerkarte **Berechnen** wählt. Diese Option erlaubt dem Projektleiter das Abschalten der Projekt-kostenberechnung durch das Programm und das Eingeben seiner gesamten aktuellen Kosten oder seiner aktuellen Teilkosten für Vorgänge und Zuordnungen. Damit kann der Projektleiter die Projektkostenfelder mit Daten aus unternehmensinternen Syste-men speisen.

Vorgangsarten

Die Standardgleichung zur Berechnung der Vorgangsbearbeitung und Dauer lautet Arbeit = Dauer mal Einheiten. Der Projektleiter kann aber steuern, welche Elemente feststehen sollen und welche variabel sind, je nachdem, wie die Planung im Unter-nehmen durchgeführt wird. Das Programm unterstützt 3 Vorgangstypen: die feste Dauer, die feste Einheit oder die feste Arbeit.

Terminplanung vom Endtermin aus

Die häufig notwendige Bearbeitung der Terminplanung vom Endtermin ist im Pro-gramm möglich.

Kapazitätsabgleich

Das Programm enthält eine Reihe von Merkmalen, durch die der Projektleiter steu-ern kann, wie der Algorithmus **Kapazitätsabgleich** funktioniert.

- Der Projektleiter kann die Einstellung so verändern, dass die Überlastung beispielsweise in wöchentlichen Abständen geregelt wird.

- Der Projektleiter kann den Kapazitätsabgleich für das gesamte Projekt oder nur für einen bestimmten Zeitraum durchführen. Wenn ein Projekt zum Beispiel für den Zeitraum vom 1. 1. 04 bis zum 1. 6. 04 geplant ist, kann er den Kapazitätsabgleich so einstellen, dass nur für den Zeitraum vom 1. 3. 04 bis zum 31. 3. 04 nach Überlastungen gesucht wird (Bild 8.19).

- Beim Kapazitätsabgleich können einzelne Zuordnungen so verschoben wer-den, dass nur die Ressourcen verschoben werden, die von der Überlastung betroffen sind. Wenn jedoch alle Ressourcen gleichzeitig arbeiten müssen, kann dies auch eingestellt werden.

– Mit dieser Funktion kann der Kapazitätsabgleich um Vorgänge mit Überlastung herum geplant werden. Zum Beispiel kann ein einwöchiger Vorgang, der am Montag beginnt, für eine notwendige Besprechung am Mittwoch unterbrochen werden.

Bild 8.19: *Das Dialogfeld* **Kapazitätsabgleich** *mit den Steuermöglichkeiten bei der Lösung von Überlastungen*

Einstellung „Wochenanfang am" und Option zum Geschäftsjahr

Alle Wochentage können als Wochenanfang definiert werden (Bild 8.20). Die Definition des Geschäftsjahresbeginns kann dort ebenfalls eingestellt werden.

„Harte" und „weiche" Einschränkungen

Der Projektleiter wählt die Art wie das Programm Vorgänge behandelt, die gegen Einschränkungen verstoßen. Dafür steht eine Option auf der Registerkarte **Terminplan** im Dialogfeld **Optionen** des Menüs **Extras** zur Verfügung. Die Option **Vorgänge beachten stets ihre Einschränkungstermine** kann deaktiviert werden, um weiche Einschränkungen festzulegen, bei denen Vorgänge auch jenseits der Einschränkungstermine geplant werden können.

Diese Einstellung wirkt sich auf die Einschränkungen MAA (Muss anfangen am), MEA (Muss enden am), ENSA (Ende nicht später als) und ANSA (Anfang nicht später als) aus, wenn die Terminplanung vom Starttermin ausgeht, aber auch auf die

Einschränkungen MAA, MEA, ENFA (Ende nicht früher als) und ANFA (Anfang nicht früher als), wenn die Terminplanung vom Endtermin ausgeht.

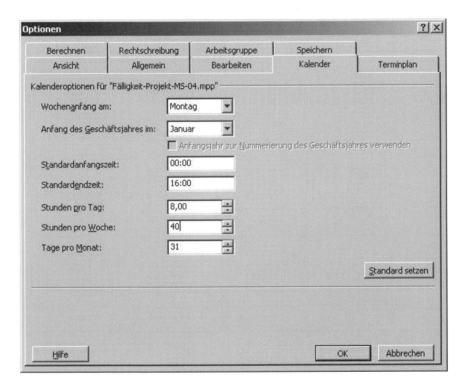

Bild 8.20: *Die Registerkarte* **Kalender** *im Dialogfeld* **Optionen** *zur Festlegung des Wochenanfangs und des Geschäftsjahrs*

Mehrere kritische Wege (kritischer Pfad)

Die Option **Mehrere kritische Wege berechnen** ist eine weitere Option in der Registerkarte **Berechnung** im Dialogfeld **Optionen** des Menüs **Extras.** Sie legt den letzten Endtermin eines Vorgangs auf den frühesten Endtermin, solange der Vorgang nicht durch Nachfolger oder Einschränkungen beschränkt wird. Dadurch können mehrere kritische Wege des Projektes berechnet werden. Das ist besonders wichtig, wenn der Projektleiter mehrere Projektpläne zu einer einzigen Projektdatei zusammenführt und die kritischen Pfade für jedes einzelne Projekt sehen will.

PERT-Analyse (PERT-Diagramm)

Der Projektleiter kann mit einer Was-wäre-wenn-Analyse (PERT-Analyse) in seinem Terminplan die Vorgangsdauer abschätzen. Dazu gibt er in der Symbolleiste **Analyse** jeweils die optimistische, die pessimistische und die realistische Dauer eines Vorgangs ein (Bild 8.21). Aus diesen drei Abschätzungen wird eine mittlere Vorgangsdauer berechnet.

a)   *b)*

Bild 8.21: *a)* **PERT-Eingabe** *im Dialogfeld, b)* **PERT-Gewichtungen festlegen** *im Dialogfeld*

Indikatoren

Indikatoren sind kleine grafische Informationen über Vorgänge, Ressourcen oder
Zuordnungen (Bild 8.22). Durch Anklicken der Indikatorenspalte i können sie eingesehen werden.

	⊕	Vorgangsname
1		⊟ **Plan für Online-Katalog**
2		⊟ **Plan für Online-Katalog**
3		⊟ **Konzept**
4	✓ 📖	Research und Genehmigung
5	✓ 🌐	Vorentwurf
6	✓	Genehmigung d. Geschäftsleitung
7		⊟ **Site-Anforderungen definieren**
8	✓ 📖	Kundenbedürfnisse
9	▦	✓ Dieser Vorgang wurde am Mo ...er Anforderungen
10		22.09.03 beendet.
11		📖 Notizen: 'Kundenbedürfnisse ...ten
		überprüfen und dabei auch die neuen
		Kunden berücksichtigen, die unsere
		Firma noch nicht kennen.'

Bild 8.22: *Schnellüberblick durch Indikatoren*

Fortschrittslinie

Die Fortschrittslinie ist eine zusätzliche Funktion des Balkendiagramms (GANTT-Chart), die eine visuelle Darstellung des Projektstatus ermöglicht.

Diese Linie verbindet zum gewählten Datum den jeweiligen Fortschritt der Vorgänge mit einer vertikalen Linie (Bild 8.23). Daraus ergeben sich nach links und rechts gerichtete Spitzen für die Einzelschritte. Die Arbeit, die hinter dem Terminplan zurückbleibt, zeigt nach links, die dem Terminplan voraus ist, nach rechts. So kann der Projektleiter auf einen Blick den Gesamtstatus des Projektes sowie den Umfang der Abweichungen vom Plan erkennen.

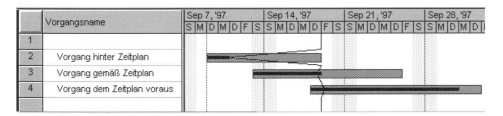

Bild 8.23: *Die Funktion* **Fortschrittslinie**

8.2 Kommunikation im Projektteam

Der Projektleiter muss in der Lage sein, effizient mit sehr unterschiedlichen Personen zusammenzuarbeiten. Dazu muss er die Mitglieder des Projektteams und Führungskräfte auf allen Ebenen jederzeit über den Projektstatus informieren können.

Eine erfolgreiche Zusammenarbeit hängt zum großen Teil davon ab, ob diese Informationen klar und effizient weitergegeben werden. Dazu kann er das Projekt zum Beispiel in ein unternehmenseigenes E-Mail-System integrieren, um das Delegieren von Vorgängen und die Berichterstattung über Fortschritte zu vereinfachen. Weiter kann er Informationen über das Internet und das Intranet weiterleiten und so mit anderen zusammenarbeiten.

8.2.1 Präsentationsfunktionen

Berichte

Die meisten Projektpläne werden als Berichte veröffentlicht oder als Projektdateien auf einem Server zur Weitergabe an andere Projektleiter abgelegt.

MS Project hat eine Bibliothek vordefinierter Berichte, die der Projektleiter sofort ausdrucken kann. Darunter gibt es auch Berichte, mit denen projektübergreifende Abhängigkeiten nachvollzogen werden können. Auch hier kann der Projektleiter mit Hilfe der Kombination aus Ansichten, Tabellen und Filtern seinen eigenen Berichte erstellen.

Bild kopieren

Mit der Funktion **Bild kopieren** wird das Einfügen von Projektplänen vom Bildschirm direkt in Dokumente oder ins Internet möglich. Dabei kann er die Vorgänge auswählen und den Zeitraum bestimmen, die in der Grafik angezeigt und als Zeitstrahl verwendet werden sollen (Bild 8.24).

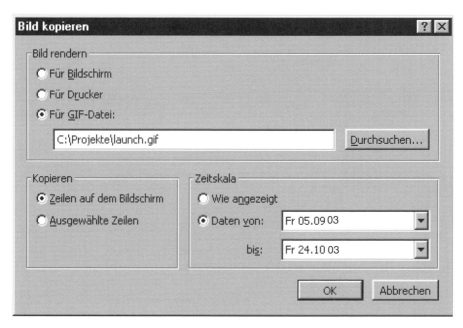

Bild 8.24: *Definition der Parameter für Balkendiagramme und Daten zur Speicherung im GIF-Format*

Mit Hilfe des Balkenplan-Assistenten kann der Projektleiter schnell professionell gestaltete Berichte erstellen.

Die Gestaltung der Kopf- und Fußzeilen, zum Beispiel mit Firmenlogos oder einem formatierten Text, kann einfach erstellt werden (Bild 8.25).

Ausrichtung von Überschrifts- und Datenfeldern

Der Projektleiter kann die Ausrichtung der Spaltenüberschriften und der Daten unabhängig voneinander wählen.

Formatierte Notizen

Die Texte und Informationen in den Notizfeldern können formatiert werden, um möglicherweise wichtige Punkte hervorzuheben. Um weitere Informationen bereitzustellen, lassen sich andere Objekte einbinden, zum Beispiel Microsoft Word-Dokumente (Bild 8.26).

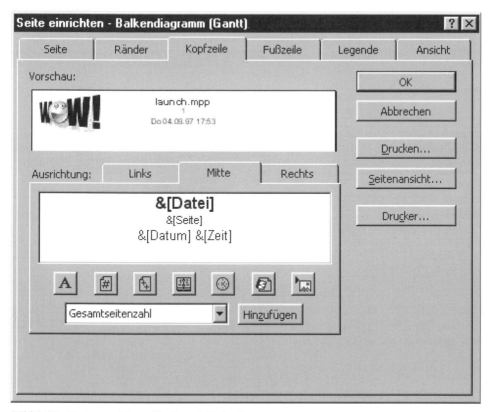

Bild 8.25: *Frei gestaltbare Kopf- und Fußzeilen*

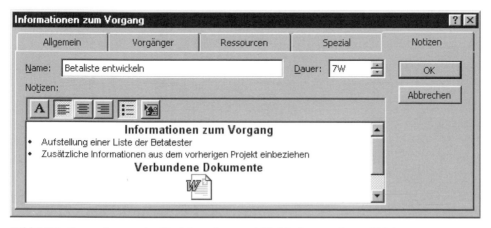

Bild 8.26: *Formatierung der Projektnotizen und Einbindung anderer Objekte*

Zeitskala

Es können auch zwei spezielle Zeitskalen für die Projektinformationen in einem Projekt anzeigt werden, zum Beispiel halbjährlich und in Monatsdritteln (Bild 8.27).

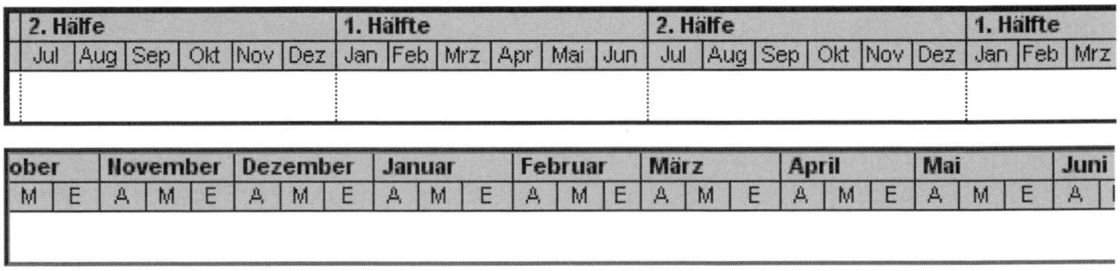

2. Hälfte						1. Hälfte						2. Hälfte						1. Hälfte		
Jul	Aug	Sep	Okt	Nov	Dez	Jan	Feb	Mrz	Apr	Mai	Jun	Jul	Aug	Sep	Okt	Nov	Dez	Jan	Feb	Mrz

ober			November			Dezember			Januar			Februar			März			April			Mai			Juni	
M	E	A	M	E	A	M	E	A	M	E	A	M	E	A	M	E	A	M	E	A	M	E	A	

Bild 8.27: *Darstellungsmöglichkeiten der Zeitskala; **A** (Anfang des Monats); **M** (Mitte des Monats); **E** (Ende des Monats)*

Im Exchange-Ordner ablegen

Mit dem Befehl **Exchange Ordner...** unter **Senden** im Menü **Datei** kann der Projektleiter Projektdateien an einen öffentlichen Ordner von Microsoft Exchange senden. Darüber hinaus werden die am häufigsten angegebenen Projektfelder standardmäßig zur Auswahl angezeigt.

Publizieren im Internet und Hyperlinks

Die Funktion Option **Speichern als HTML...** ermöglicht dem Projektleiter das Abbilden von Projektdaten und Grafiken in HTML-Vorlagen zum sofortigen Publizieren im Internet oder Intranet. Die Funktion **Speichern als HTML...** gestattet das Publizieren von Balkendiagrammen zusammen mit den Projektinformationen, deren Daten durch „aktive" Hyperlinks verbunden sind.

8.2.2 Zusammenarbeit im Team und Überwachung

Der Projektleiter kann Projektvorgänge mit E-Mail und mit Microsoft Schedule+ delegieren und überwachen. Eine Arbeitsgruppenfunktion ermöglicht den Zugang zum Desktop Information Manager Microsoft Outlook™ und das Internet.

Projektleiter können Erinnerungen für bestimmte Projektvorgänge definieren und in Outlook ablegen. Beispielsweise kann sich der Projektleiter eine Erinnerung definieren, die „x" Tage vor dem Ende einer wichtigen Projektphase des Projektplans angezeigt wird.

Auf E-Mail basierende Arbeitsgruppenfunktion

　　　　– Die Teammitglieder können in periodischen Abständen ihren Fortschritt mitteilen. Die anpassungsfähigen E-Mail-Nachrichten besitzen Felder, die zeitrelevante Plan- und aktuelle Arbeitsdaten aufnehmen können.

- MS Project ist mit der Aufgabenliste von Microsoft Outlook integriert. Die Teammitglieder können so alle Vorgänge nach Projektnamen sortiert zentral verwalten.

- Die Teammitglieder können den Teamstatusbericht aus dem Microsoft Outlook-Menü Aufgaben auswählen und diesen Statusbericht in ihrem Posteingang speichern, bis sie ihn dem Projektleiter vorlegen wollen.

Internet-Lösung für die Zusammenarbeit und Projektüberwachung

Da jedoch viele Projektleiter mit Teammitgliedern zusammenarbeiten, die externe Auftragnehmer oder Mitarbeiter sind, die sich an einem anderen Standort befinden, ist ein gemeinsamer Standard bei den E-Mail Systemen nicht immer gegeben. Dann bietet die Flexibilität des Internet eine optimale Möglichkeit, die Vorteile der Teamarbeit zu erschließen.

Um die Einführung der Internet-basierten Funktion so leicht wie möglich zu machen, wird MS Project mit dem Microsoft Personal Web Server ausgeliefert. In Kombination mit der Internet-basierten Arbeitsgruppenfunktion gestattet der Personal Web Server dem Projektleiter das Einrichten seiner eigenen gesicherten Website für die Teammitglieder. Sie können sich dort anmelden, um Vorgangszuordnungen abzufragen oder um Statusberichte abzuliefern.

- Der Projektleiter kann mit allen Ressourcen über den Kommunikationskanal kommunizieren, der für jede Ressource am günstigsten ist. Er muss einfach nur für die Kommunikation mit jeder einzelnen Ressource die Standardmethode (Internet oder E-Mail) angeben, wenn dem Projektplan eine neue Ressource hinzugefügt wird. Das Programm kümmert sich um alles Weitere.

- Mit einem Standard-Browser können Teammitglieder sich bei ihrem Web-basierten Team-Posteingang anmelden und die Nachrichten vom Projektleiter lesen, als ob sich alle in einem gemeinsamen E-Mail-System befinden würden.

- Sobald ein Teammitglied einen delegierten Vorgang akzeptiert, wird dieser automatisch in seine oder ihre Web-basierte Vorgangsliste geschrieben. Diese Vorgangsliste kann gespeichert und täglich mit neuen Statusinformationen aktualisiert werden. Sie wird an den Projektleiter zurückgeschickt, wenn die Teammitglieder auf die Schaltfläche Senden klicken (Bild 8.28).

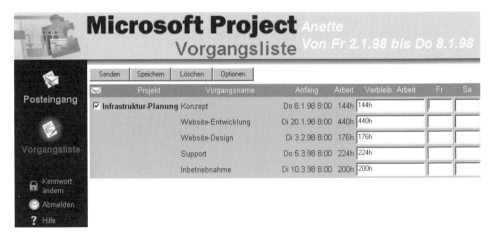

Bild 8.28: *Die Web-basierte Vorgangsliste*

– Der Web-Posteingang ist ein zentraler Ort, an dem Web-basierte Nachrichten von Teammitgliedern eingesehen werden können. Der Projektleiter kann auf Web-basierte Nachrichten über die Schaltfläche Web-Posteingang auf der Symbolleiste Team-Management zugreifen.

– Nach dem Öffnen sehen die Web-basierten Nachrichten genauso aus wie die auf E-Mail basierenden Nachrichten in MS Project. Der Projektleiter kann Statusinformationen durch einfaches Klicken auf die Schaltfläche **Projekt aktualisieren** übernehmen (Bild 8.29).

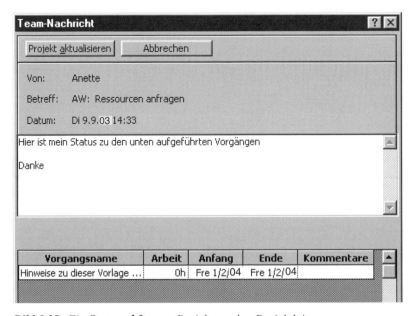

Bild 8.29: *Ein **Status abfragen**-Bericht an den Projektleiter*

8.3 Verknüpfung mit anderen Dokumenten

Projektpläne sind in den seltensten Fällen vollkommen eigenständige Dateien. Sie sind fast immer mit weiteren Notizen, Dokumenten, Tabellen und Präsentationen verknüpft. Für sich genommen ist der Terminplan ein wesentlicher Bestandteil eines Projektes. Aber das Gesamtbild eines Projektes lässt sich erst erkennen, wenn der Projektterminplan zusammen mit der gesamten Dokumentation betrachtet wird. Bei MS Project ist es für den Projektleiter möglich, Zusatzinformationen in die Projektpläne einzubinden, zum Beispiel durch Hyperlinks.

8.4 Anwenderorientierte Planungslösungen

8.4.1 Datenbankunterstützung

Das Programm und seine integrierte Programmiersprache ermöglicht individuelle Ergänzungen und Speziallösungen, die den ganz speziellen Anforderungen einiger Projektleiter genügen. Diese lösungsorientierten Funktionen konzentrieren sich auf zwei Hauptbereiche: Datenintegration und Programmierbarkeit.

MS Project besitzt ein eigenes Datenbank-Dateiformat für das Speichern mehrerer Projekte. Neben dem Jet-basierten mpd-Dateiformat unterstützt es auch das Speichern und Lesen vollständiger Projekte in und aus anderen ODBC-kompatiblen Datenbanken, wie zum Beispiel Microsoft SQL Server™ und Oracle.

Der Projektleiter kann den selektiven Im- und Export verwenden, um Daten aus anderen unternehmensinternen Systemen in seine Projektdateien zu übernehmen oder um spezielle Projektinformationen in den Datenbanken anderer Systeme zu speichern.

Um projektspezifische Informationen zu speichern und anzuzeigen, gibt es anwenderdefinierte Felder. Diese sind für jeden Projektdatentyp verfügbar, zum Beispiel für Vorgänge, Ressourcen und Zuordnungen. Der Projektleiter kann die anwenderdefinierten Felder so umbenennen, dass sie die darin gespeicherten Informationen so beschreiben, wie er oder das Unternehmen es gewohnt sind. Diese neuen Feldnamen werden dann auch an allen anderen Stellen der MS Project-Oberfläche verwendet.

8.4.2 Programmierbarkeit

Desweiteren bietet das Programm Möglichkeiten für das Erstellen individueller Planungslösungen.

Bereits in früheren Versionen von MS Project bestand die Möglichkeit, direkt in der Applikation mit einer speziellen Makrosprache zu programmieren. Diese wurden zuerst nur für Vereinfachungen in der Applikation eingesetzt. Mit Visual Basic® ist eine anwenderübergreifende Programmierung möglich geworden.

Darauf soll aber an dieser Stelle nicht weiter eingegangen werden. Die bereits oben erwähnten Handbücher beschreiben diese Möglichkeiten ausführlich[8.1].

8.1 Kuppinger, Martin/Reister, Steffen; Jäger, Matthias, Microsoft Project 2002 – Das Handbuch –

9 Werkzeuge zur Ideenfindung und Problemlösung

9.1 Werkzeuge zur Ideenfindung (Kreativitätsmethoden)

Es gibt eine ganze Reihe von Werkzeugen zur Ideenfindung und Problemlösung, zum Beispiel

- – Brainstorming,
- – Mind-Map,
- – MOSES-Methode,

die hier im Einzelnen erläutert werden sollen.

9.1.1 Brainstorming

Brainstorming ist eine informelle Arbeitsweise, die das kreative Potenzial einer Gruppe durch freie Ideenassoziation anzapft: Wenn ein Gruppenmitglied eine Idee ausspricht, löst dieser Impuls bei den anderen Gruppenmitgliedern Assoziationen und neue Ideen aus, die wiederum beim Urheber der ursprünglichen Anregung zu weiteren Ideen führen können und so weiter.

Dieses effiziente Werkzeug unterstützt die Konkretisierung und Analyse neuer Ideen sowie die Ableitung und Entwicklung weiterer Ideen. Ferner erlaubt es, neue Ideen aus einer Vielzahl von Blickwinkeln und Perspektiven zu betrachten. Es bietet einen Rahmen, in dem neue Ideen festgehalten und verknüpft werden, und ist zugleich eine Plattform, auf der diese in Pläne, Projekte und Aktivitäten umgesetzt werden können.

In der Vorlesung Projektmanagement und Coaching wird statt einer schriftlichen Prüfung ein selbstbearbeitetes Projekt gefordert. Natürlich haben die Studentinnnen und Studenten anfangs „ja keine Idee", was sie machen sollen. Durch eine Brainstorming-Sitzung werden mögliche Projektideen gesammelt, die dann unter Projektthemen gesammelt werden, zum Beispiel Entwicklungsprojekt, Veranstaltungsprojekt und so weiter.

Vorgehen beim Brainstorming

- – Alle von den Gruppenmitgliedern eingebrachten Ideen werden festgehalten, zum Beispiel auf einem Flip-Chart oder mit Hilfe von Merkkarten.

- Die jetzt gesammelten Ideen werden zu diesem Zeitpunkt nicht bewertet oder beurteilt und noch nicht sortiert!

- Diese Ideen werden zu diesem Zeitpunkt noch nicht besprochen, außer um etwaige Missverständnisse klarzustellen, und noch nicht sortiert.

- Auch „weit hergeholte" Ideen werden offen angenommen. Die Diskussion darüber findet später statt, dann kann man immer noch streichen.

- Wiederholungen sind in Ordnung und werden zu diesem Zeitpunkt nicht kontrolliert oder gar aussortiert. Der Prozess könnte dadurch unterbrochen werden.

- Hier geht Quantität vor Qualität. Je mehr Ideen festgehalten werden, desto größer ist die Möglichkeit, eine nützliche zu finden.

- Die Brainstorming-Sitzung darf nicht zu früh beendet werden. Wenn der Ideenfluss abschwillt, ist eine kurze (Denk-) Pause nützlich. Danach kann das Brainstorming wieder aufgenommen werden.

Danach führt die Gruppe gemeinsam eine Durchsicht und Strukturierung der neu gefundenen Ideen durch. Jetzt wird sortiert, beurteilt und verworfen.

Dazu ist im Allgemeinen ein Moderator notwendig, der die Gruppe leitet. Diese Rolle fällt im Projekt dem Projektleiter zu.

Häufig gelingt es nur unvollständig, die Ergebnisse einer Brainstorming-Sitzung zu entwirren, insbesondere dann, wenn bereits einige Zeit seit der Sitzung verstrichen ist und die logische Weiterentwicklung der Ideen nicht mehr klar nachvollziehbar ist.

Oft wird in Brainstorming-Sitzungen beobachtet, dass das Verfahren nicht richtig angewandt wird. Viele Moderatoren lassen sich nicht die Zeit, Ideen ohne Bewertung zu sammeln.

Ein sofortiges Sortieren gleicht dabei einer Zensur: Jetzt assoziieren die Teilnehmer nicht mehr frei, sondern fragen sich, was in das gegebene Schema passt.

Oder der Moderator ist nicht konsequent in der Durchsicht und Strukturierung. Wenn nach einer Brainstorming-Sitzung kein logisches Ende gefunden wird, möglicherweise auch mit weiteren offenen Aufgaben, verlieren die Teilnehmer die Lust an dieser sehr effizienten Methode.

Gerade bei abstrakten Projekten, zum Beispiel Entwicklungsprojekten oder wissenschaftlichen Arbeiten, ist es schwierig, eine zündende Idee oder das entsprechende Thema zu finden. Dann kann man wieder mit Hilfe der *freien Assoziation* wie auch beim Brainstorming die Gedanken auf Wanderschaft schicken und sich dem Thema über eine *Mind-Map* nähern.

9.1.2 Mind-Map

Durch eine Kombination von Bildern, grafischen Elementen (Linien, Boxen) und Schlagwörtern sorgt die *Mind-Map-Methode* dafür, dass die Verbindungen zwischen den unterschiedlichen Aspekten der Ideensammlung für jeden klar ersichtlich sind und deren natürliche Entwicklung nachvollziehbar bleibt, sodass stets der volle Überblick über die Umsetzung der Gedanken erhalten bleibt.

Eine Mind-Map verzweigt sich von innen nach außen und ermöglicht unstrukturiertes Arbeiten in *neuronalen Strukturen*, die der rechten (kreativen) Hirnhälfte entsprechen.

Die Theorie, die hinter dem Konzept von Mind-Map steht, unterstützt die Kombination der intuitiven Funktionsweise der rechten Gehirnhälfte mit der strukturierten Funktionsweise der linken. Auf diese Weise kann die Kreativität ungehindert fließen und es entsteht zugleich die Möglichkeit, diese Energie zu kanalisieren, neue Gedanken zu strukturieren und diese nach und nach in konkrete Pläne für Maßnahmen umzusetzen. Zum Thema Funktionen eines Kontrollgerätes wird in Bild 9.1 eine Mind-Map erstellt.

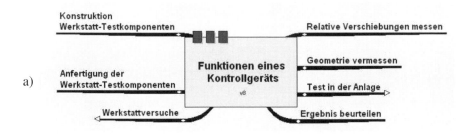

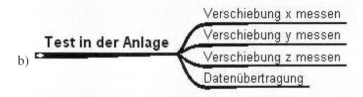

Bild 9.1: *Ausschnitt aus einer Mind-Map zum Thema Funktionen eines Kontrollgerätes; a) Übersicht der Mind-Map ohne Unterebenen; b) Unterebene des Hauptzweiges Test in der Anlage*

Es ist also ein Werkzeug, mit dem neue Ideen festgehalten, organisiert und realisiert werden können.

Denn Planung bedeutet nicht nur die Bestimmung von Terminen und Stichtagen. Planung erfordert vielmehr die Fähigkeit, einen Prozess als Ganzes zu überdenken, um das Zusammenspiel der einzelnen Gedanken zu erkennen und die Prioritäten so zu setzen, dass erstrangige von zweitrangigen Aktivitäten (s. auch Abschn. 6.4) getrennt werden.

Zu den Zweigen des Mind-Map können Notizen unterlegt werden, die den Text weiter erläutern. Das Programm MindManager® hat einen direkten Link zu MS Powerpoint, MS Word und MS Project. Damit kann ein Folienvortrag von dem Mind-Map erstellt, eine Gliederung in Word oder ein Projektplan aufgestellt werden.

9.1.3 MOSES-Methode [9.1]

Tabelle 9.1: MOSES für Gleichgewicht

Mensch	Ort	Sachbegriff	Ereignis	Sinnlichkeit
Ausgeglichen	Wippe	Ruhe	Pattsituation	sich
Vermittler	Auf der Wippe oben	Stillstand	Schach	zusammenrollen
ruht in sich	verhungern lassen	Gleichgewicht	Lösung	Katze
bewegt sich nicht	Ungleichgewicht	Gleichheit	Auflösung	Tier
gerecht verteilt	Laotse	Gleichung	Ruhe vor dem	Pflanzen
Gewichtig	horizontal	Pfahl	Sturm	Gesundheit
Gerechtigkeit	Paradies	Seilabspannung	Ausgleich	Gleichgewicht
Waage		Halten	Kippen	in der Natur
Einklang			Umkippen	Umkippen des
Dalai Lama			Umschlagen	Meeres

Diese Methode arbeitet mit der freien Assoziation. Die Radiomoderatorin nutzte sie, um das Konzept ihrer Radiosendungen zu erarbeiten.

Durch den freien Fluss der Gedanken kommen weit hergeholte Zusammenhänge eines Begriffs zustande. Das reicht zum Beispiel bei dem abstrakten Begriff Gleichgewicht von der mechanischen Bedeutung bis hin zum Umweltschutz oder dem inneren Gleichgewicht des Menschen. Durch diese vielseitigen Aspekte wird der Begriff umfassend betrachtet.

Alle Methoden dienen dazu, möglichst viele Aspekte eines neuen, vielleicht abstrakten Themas zu erschließen. Mit einiger Übung helfen sie große Projekte zu gliedern und zu entwickeln.

9.2 Werkzeuge zur Problemlösung (Kommunikation und Konfliktmanagement)

Überall, wo Menschen in enger Beziehung zueinander stehen, gibt es eine große Anzahl von Konfliktherden, die – unbewältigt – einen Teil unserer verfügbaren Energie blockieren.

Eine professionelle Kommunikation ermöglicht, die Verhaltensweisen und Signale der Kommunikationspartner richtig wahrzunehmen, um angemessen reagieren zu können und die eigentliche Ursache festzustellen.

In Bild 9.2 können wir regelrecht die Empörung des kleinen Mädchens hören, obwohl es keine akustische Wiedergabe gibt. Allein die Körpersprache, der in die Hüfte gestemmte und der erhobene Arm, und der Gesichtsausdruck etc. geben uns darüber Auskunft.

9.1 ModerationsAkademie für Medien und Wirtschaft, Carmen Thomas, Engelskirchen

Das ist nicht erstaunlich, denn nur 1/7 der Kommunikation wird über das gesprochene Wort transportiert. Der Rest ist Körpersprache, Gestik, Mimik und Tonlage der Stimme.

Erst das genaue Hinterfragen hilft in den meisten Fällen, Konfliktherde aufzuspüren und zu lösen. Dazu müssen die jeweiligen Gesprächspartner gezielt befragt werden, um Lösungswege oder Ursachen herauszufiltern.

Bild 9.2: *Nonverbale Kommunikation* [9.2]

Immer neue Techniken werden erprobt, zum Beispiel das immer aktueller werdende Werkzeug Mediation. Durch Befragen der einzelnen Parteien wird eine Lösung erarbeitet, die allen gerecht wird: das Win-Win-Prinzip.

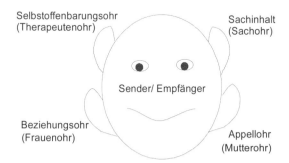

Bild 9.3: *Vier-Ohren-Modell von Schulz von Thun*

In Bild 9.3 wird das Vier-Ohren-Modell von Schulz von Thun[9.3], Inhalte einer Nachricht vom Sender oder Empfänger. Jede Nachricht hat verschiedene inhaltliche As-

---

9.2 Acer-Werbung, FAZ 2000
9.3 Schulz von Thun, Friedemann, Miteinander reden, rororo Rowohlt Verlag, Reinbek bei Hamburg, 1994

pekte (Bild 9.3). Je nach unseren Erfahrungen mit dem Gegenüber und anderen Personen, neigen wir in einem bestimmten Muster auf Nachrichten zu reagieren. Damit sind oft Konflikte vorprogrammiert (Bild 9.4 a, b).

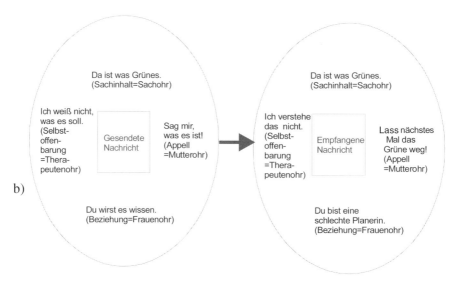

Bild 9.4: *Vier-Ohren-Modell von Schulz von Thun[9.3]; a) Gesendete und empfangene Nachricht; b) Inhalte einer Nachricht vom Sender zum Empfänger*

Wenn man häufig mit solchen Situationen zu tun hat, muss die eigene Kommunikationsfähigkeit geschult werden. Dazu gibt es eine Reihe von Methoden, die in der Literatur unter der Rubrik *Schlüsselqualifikationen* zu finden sind. Hier kann nur ein kurzer Einblick in das Thema gegeben werden.

Dabei ist die Beachtung der drei Grundgesetze der Kommunikation von Watzlawick hilfreich: [9.4]

- Kommunikation kennt kein Gegenteil. Wir können nicht Nicht-Kommunizieren, jedes Verhalten wird als Kommunikation interpretiert. Nichtverhalten gibt es nicht.

- Im Zweifelsfall gilt die nonverbale Botschaft. Wenn die Kommunikation auf der verbalen und der nonverbalen Ebene nicht kongruent ist, wird der nonverbalen Aussage größeres Gewicht als der verbalen Aussage beigemessen.

- Die empfangene Botschaft ist gültig. Nicht was gesendet, sondern was empfangen wird, bestimmt den weiteren Verlauf der Kommunikation. Dem Empfänger steht die gesendete Botschaft nicht zur Verfügung.

Nach diesen Prinzipien gelingt die Kommunikation ohne die Möglichkeiten für Konflikte. Besonders die dritte Regel ist für die tägliche Verständigung immens wichtig. Jeder Mensch sollte sich im Klaren sein, dass seine Aussagen nicht zwingend so verstanden werden, wie er sie gemeint hat.

Für den Projektleiter ist es nicht nur wichtig, zu Beginn des Projekts das richtige Projektziel herauszufinden, sondern auch bei Störungen während des Projektverlaufs im Gespräch mit den Teammitgliedern die tatsächliche Ursache dafür zu erkennen.

Dazu kann ihm eine Fragetechnik nach dem eigentlichen Ziel helfen. Eine Zieldefinition kann erst dann erfolgreich sein, wenn die inneren Widerstände der Mitwirkenden völlig ausgeräumt sind. Um dies zu erreichen, ist es notwendig, die Beteiligten „dort abzuholen, wo sie stehen". Das geht am besten, wenn im Gespräch alle fünf Sinne angesprochen werden.

Jeder Mensch hat sein eigenes bevorzugtes Wahrnehmungssystem. Der eine liest sehr gerne lange Berichte, telefoniert aber nicht gerne. Sein bevorzugtes Wahrnehmungsorgan ist bei der Arbeit also eher das Auge (visuell) und nicht so sehr das Ohr (auditiv). Sein Kollege bevorzugt gerade das Telefon und hasst lange Ausarbeitungen. Wenn sich die beiden Kollegen verständigen wollen, müssen sie diese Tatsache berücksichtigen, sonst „reagieren" sie aneinander vorbei.

Und schließlich ist es im Umgang mit Menschen sehr wichtig, was gesagt wird. Formulierungen machen deutlich, wie der Einzelne zu etwas steht. Um den Fallstricken einer ausweglosen Diskussion zu entgehen, werden anschließend einige Antworten auf Fehlgeformtheiten in Aussagen gegeben.

9.4 vgl. Lohmann, Friedrich. Konflikte lösen mit NLP, Techniken für Schlichtungs- und Vermittlungsgespräche, Paarberatung und Mediation, nach Virginia Satir, John Grinder und Thies Stahl, Paderborn, 2003

9.2.1 Zieldefinition

> *It´s easy to say "no!"*
> *when there´s a deeper "yes!" burning inside.* [9.5]

Jeder von uns hat einmal einen genialen Geistesblitz. Doch die Chancen und Voraussetzungen, ihn auch in die Realität umzusetzen, sind nicht immer gleich verteilt. So manche Chance auf Ruhm und Anerkennung, eine Idee für ein neues Buch, ein neues Produkt oder eine Marketing-Strategie, konnte nur deshalb nicht verwertet werden, weil nicht das richtige Werkzeug zur Verfügung stand, um die Idee über die kritische Phase der Planung hinaus in die Tat umzusetzen.

Erfolg bedeutet etwas mehr als nur, eine großartige Idee zu haben. Er steht und fällt vielmehr mit der Fähigkeit, diese Gedanken in greifbare Ziele umzuwandeln, auf deren Basis Projektpläne ausgearbeitet, Meilensteine gesetzt und Stichtage erreicht werden können. Da Ziele jedoch selten ohne Berücksichtigung des Umfeldes konsequent verfolgt und erreicht werden können, ist ferner Flexibilität und die Fähigkeit der Anpassung an den permanenten Wandel gefordert, dem eine dynamische Arbeitsumgebung unterliegt.

Deshalb ist es ist notwendig, ein Ziel genau zu definieren. Die Methode des Neurolinguistischen Programmierens (NLP), einem Beschreibungs-, Erklärungs- und Lehrmodell für die Kommunikation, geht dabei prozessorientiert vor.

Dabei ist es immer möglich, auch ohne eine Offenlegung des Ziels zu arbeiten. Dies ist besonders beim Arbeiten in Konfliktsituationen hilfreich. Der Mitarbeiter muss nicht sagen, wie ihm etwas und was ihm missfällt. Allein die Beobachtung seiner Reaktionen und das Hinterfragen mit einer bestimmten Fragetechnik kann dem Projektleiter zeigen, wie er das Verhalten des Mitarbeiters beeinflussen kann, ohne dessen Gefühle zu verletzen.

Bei der *„inhaltsfreien" Befragung* kennt der Fragende das Ziel des Befragten nicht, da dieser sein Ziel nicht preisgeben will oder kann. Der Fragende muss jedoch sicherstellen, dass der Befragte über eine hinreichend genaue Vorstellung von dem gewählten Zielbild verfügt.

Durch Fragen wie: „ ... wo genau, wie genau und wem gegenüber genau ...?" wird eine gute, den Kontext betreffende Analyse erreicht, zum Beispiel zu welchem Zeitpunkt oder in welchem Rahmen das Zielverhalten sinnvoll ist.

Um Klarheit für das Ziel zu bekommen, wird der gewünschte Zustand möglichst mit allen fünf Sinnen (**V**isuell = Sehen, **A**uditiv = Hören, **K**inästetisch = Fühlen, **O**lfaktorisch = Riechen, **G**ustatorisch = Schmecken) [9.6] (Bild 9.5) beschrieben und angesprochen.

9.5 Covey, Stephen R.; Merrill, A. Roger; Merrill, Rebecca R., First Things First, Fireside by Simon & Schuster, New York, 1995
9.6 Schmidt-Tander, Martina/ Kreische, Jörn, NLP-Modelle. Fluff & Facts, VAK Verlag für angewandte Kinesiologie GmbH, Freiburg im Breisgau, 2001

Bild 9.5: *Die fünf Sinnesorgane: Sehen, Hören, Fühlen, Riechen, Schmecken (Grafiken aus dem Programm Corel Draw7™)*

Zum Beispiel verkauft ein Autoverkäufer ein Auto am besten mit den folgenden Worten: Sehen Sie mal hier die tolle Form der Karosserie (V). Und dann der Sound des Motors (A). Sitzt man nicht ausgesprochen bequem in den Sportsitzen (K)? Und riechen Sie mal das neue Leder (O)!" Nur in das Auto beißen kann man nicht (G)!

Wird der Inhalt einer Zielvorgabe jedoch veröffentlicht, braucht der Fragende nicht alles wortwörtlich zu verstehen, denn Worte sind nur Metaphern, deren wirkliche Bedeutung selbst dem Zielsuchenden zu Beginn des Prozesses oft noch nicht ganz klar sind.

Hinzu kommt, dass es ja manchmal gerade das Ziel einer Diskussion ist, einen Suchprozess zur Klärung oder Übersetzung dieser Metaphern einzuleiten.

Wenn sich während der Diskussion das Ziel verändert, geht dies meist mit einer Zunahme der Zufriedenheit des Mitarbeiters einher. Dies wird in seinem Körperausdruck sichtbar, zum Beispiel einer symmetrischen Körperhaltung und einem zufriedenen Gesichtsausdruck. Der Gesprächsleiter fördert diesen Prozess, indem er dem Mitarbeiter hilft, sein Ziel immer genauer zu formulieren. Auf diese Weise werden die Aussagen stimmiger, und das Ziel gewinnt an Konturen. Der Mitarbeiter sieht versöhnt und symmetrisch aus. Ganz anders als das kleine Mädchen in Bild 9.2. Er ist sich nun seiner Fähigkeiten bewusst.

9.2.2 Methoden der Befragung

9.2.2.1 Wohlgeformte Zieldefinition

In Konfliktsituationen ist das Herausfinden der Ursache meist ein wesentlicher Schritt, um das Problem zu lösen. Es geht darum, dem Gesprächspartner zu helfen, von einem problemorientierten „Weg-von" zu einem lösungsorientierten „Hin-zu" zu führen.

Mit Hilfe einer Fragetechnik wird das gewünschte Ziel so lange verändert, bis es einer „wohlgeformten Zieldefinition" entspricht.

Kommt es im Verlauf dieses Prozesses zu Veränderungen des Zieles, so ist dies erwünscht, denn der Prozess der Formulierung des Zieles dauert so lange, bis es für den Zielsuchenden stimmig und in einigen speziellen oder allen Situationen ohne Einschränkung durchführbar ist.

Dann können die Fähigkeiten, die für diesen Zielzustand besonders vorteilhaft wären, aktiviert und so kann eine Brücke in die Zukunft geschlagen werden.

9.2.2.2 Fragetechnik zur Zielbefragung (Pene-Trance-Modell)

Das Pene-Trance-Modell im NLP ermöglicht, ein potenzielles Ziel durch bestimmte Fragen klarer zu definieren. Da es nicht nur bei der Definition eines Projektzieles, sondern auch bei Konflikten innerhalb eines Projektteams eingesetzt werden kann, wird hier allgemein darauf eingegangen.

Fragen zur wohlgeformten Zieldefinition

Folgende Fragen helfen, das Ziel klarer zu beschreiben und besser zu definieren:

- Was wollen Sie erreichen?

- Was ist Ihr Ziel?

- Wie genau möchten Sie sich wem gegenüber wann genau verhalten können?

- Was möchten Sie können, wenn Sie Ihr Ziel erreicht haben?

Das Gegenüber wird veranlasst, sich in die Situation zu versetzen, in der er das Ziel schon erreicht hat. Aus dieser positiven Position heraus lassen sich häufig unklare Randbedingungen besser erfassen und abklären.

Es werden zwei Beispiele parallel bearbeitet. Der Hintergrund des ersten Beispiels „Ziel des Entwicklungsprojektes: Einführung eines PPS-Programms" ist, dass der

Projektleiter sich zeitweilig zu uninformiert über die kaufmännischen Fakten des Projektes fühlt. Er will zukünftig mehr Kontrolle haben. Und zwar immer, wenn er es gerade benötigt. Das Beispiel wird in Tabelle 9.2, Tabelle 9.4, Tabelle 9.6, Tabelle 9.8, Tabelle 9.10, Tabelle 9.12 und Tabelle 9.14 bearbeitet. Diese Zielsuche kann offen im Team diskutiert werden.

Tabelle 9.2: Beispiel; Ziel des Entwicklungsprojektes „Einführung eines PPS-Programms"

Was wollen Sie erreichen?	Ich möchte zu jedem Zeitpunkt die Kontrolle über mein Entwicklungsprojekt haben, zum Beispiel den aktuellen Stand des Budgets.
Was ist Ihr Ziel?	Wenn ich am Abend noch einmal den Projektfortschritt anschauen will, sollen alle relevanten Zahlen aktuell sein, damit ich ruhig schlafen kann.
Wie genau möchten Sie sich wem gegenüber wann genau verhalten können?	Meinem kaufmännischen Projektleiter gegenüber möchte ich zu jeder Zeit über Verzögerungen im Bilde sein.
Was möchten Sie können, wenn Sie Ihr Ziel erreicht haben?	Ich möchte per Knopfdruck alle relevanten Projektdaten parat haben.

Der Hintergrund des zweiten Beispiels „Selbstinitiierte Verhaltensänderung eines Mitarbeiters" ist, dass ein Teammitglied sich zeitweilig zu persönlich von den Handlungen und Aussagen der anderen, besonders des Herrn Müller, angesprochen fühlt. Dieses Beispiel wird in Tabelle 9.3, Tabelle 9.5, Tabelle 9.7, Tabelle 9.9, Tabelle 9.11, Tabelle 9.13, Tabelle 9.15 bis Tabelle 9.19 bearbeitet. Er will zukünftig mehr Kontrolle über seine eigene Reaktion haben. Und zwar immer, wenn er es gerade benötigt. Da diese Zielsuche sehr persönlich ist und auch persönliche Schwächen von ihm ansprechen könnte, ist die Durchführung besser für ein Gespräch unter vier Augen geeignet.

Tabelle 9.3: Beispiel; Selbstinitiierte Verhaltensänderung eines Mitarbeiters

Was wollen Sie erreichen?	Ich möchte ruhig den Besprechungen folgen können, ohne aus der Haut zu fahren, wenn jemand einen Fehler gemacht hat.
Was ist Ihr Ziel?	Ruhig zu bleiben.
Wie genau möchten Sie sich wem gegenüber wann genau verhalten können?	Wenn der Kollege Müller wieder um eine Sache herumredet, möchte ich ihm ruhig und sachlich begegnen können.
Was möchten Sie, können, wenn Sie Ihr Ziel erreicht haben?	Ich möchte mich auf den Inhalt der Besprechung konzentrieren und sachlich bleiben können.

Positive Formulierungen (keine Negation)

Negative Formulierungen sind ungeeignet, den Zielsuchenden in eine gewünschte, positive Zielsituation hineinzuversetzen. Das erreichen nur positive Formulierungen. Folgende mögliche Gegenfragen helfen, um negative Formulierungen positiv formulieren zu können.

– Wie genau wird es sein, wenn Sie nicht mehr „x" sind/ haben? (gestresst sind, keine Angst mehr haben etc.)

– Was sind Sie/ haben Sie/ fühlen Sie statt dessen?

Wichtig dabei ist, dass der Zielsuchende seine eigene Formulierung finden muss und sie nicht vom Moderator vorgegeben bekommt.

Tabelle 9.4: *Beispiel; Ziel des Entwicklungsprojektes „Einführung eines PPS-Programms"*

Wie genau wird es sein, wenn Sie nicht mehr beunruhigt über die Situation des Projektes sind?	Ich habe zu jedem Zeitpunkt die Kontrolle und fühle mich nicht ausgeliefert.
Was haben Sie statt dessen?	Ich kann stressfrei die nächsten Aufgaben bearbeiten.

Tabelle 9.5: *Beispiel; Selbstinitiierte Verhaltensänderung eines Mitarbeiters*

Wie genau wird es sein, wenn Sie nicht mehr ungeduldig mit Ihrem Kollegen sind?	Ich sitze entspannt in der Besprechung und mache mir sachlich relevante Notizen.
Was haben Sie statt dessen?	Ich behalte den Überblick und kann mich auf das Wesentliche konzentrieren, zum Beispiel die nächsten anstehenden Aktionen für das Projekt.

Keine Vergleiche

Auch Vergleiche sind ungeeignet. Folgende mögliche Gegenfragen bei Vergleichen sind. Durch folgende Fragen lassen sie sich formulieren

– Was wissen/ können Sie, wenn Sie „x" sind?

– Was/ wie sind Sie, wenn Sie „x" sind?

– Woran werden sie erkennen, dass Sie „x" (sicher, stressfrei,...) sind?

Tabelle 9.6: *Beispiel; Ziel des Entwicklungsprojektes „Einführung eines PPS-Programms"*

Was können Sie, wenn Sie ruhig sind?	Ich kann mich auf die Dinge konzentrieren, die vor mir liegen.
Wie sind Sie, wenn Sie stressfrei sind?	Ich bin locker, kreativ.
Woran werden sie erkennen, dass Sie stressfrei sind?	Ich pfeife während der Arbeit vor mich hin oder kann auf andere gut eingehen.

Tabelle 9.7: *Beispiel; Selbstinitiierte Verhaltensänderung eines Mitarbeiters*

Wie wissen Sie, dass Sie entspannt sind?	Ich lehne mich an der Stuhllehne an und konzentriere mich auf das Gesagte.
Wie sind Sie, wenn Sie entspannt sind?	Ich bin freundlich und habe gute Ideen.
Woran werden sie erkennen, dass Sie stressfrei sind?	Ich bin kreativ und finde auch unkonventionelle Lösungen.

Spezifizieren des Verhaltenskontextes

Wichtig ist auch immer, zum Schluss abzuklären, wann und wie das gewünschte Ziel eingesetzt werden kann.

– Wie, wann, wo und wem gegenüber soll es sein?

– Wenn Sie Ihr Ziel erreicht haben, wo und wann, in welcher Situation werden Sie sich dann wem gegenüber wie verhalten?

Aber es kann auch wichtig sein abzuklären, wem gegenüber man sich nicht so verhalten möchte!

Tabelle 9.8: Beispiel; Ziel des Entwicklungsprojektes „Einführung eines PPS-Programms"

Wie, wann, wo und wem gegenüber soll es sein?	Von meinem PC am Schreibtisch kann ich die aktuellen kaufmännischen Zahlen jederzeit abfragen.
Wenn Sie Ihr Ziel erreicht haben, wo und wann, in welcher Situation werden Sie sich dann wem gegenüber wie verhalten?	Wenn ich in das Programm gehe und die aktuellen Zahlen liegen mir sofort vor, kann ich mich über den Projektfortschritt freuen, auch wenn nicht alles hundertprozentig nach Plan läuft.

Tabelle 9.9: Beispiel; Selbstinitiierte Verhaltensänderung eines Mitarbeiters

Wie, wann, wo und wem gegenüber soll es sein?	Dass ich merke, wann ich mich beginne aufzuregen. Dann möchte ich selbst entscheiden, vor meinen Kollegen mein Temperament zu zügeln.
Wenn Sie Ihr Ziel erreicht haben, wo und wann, in welcher Situation werden Sie sich dann wem gegenüber wie verhalten?	Auch den Kollegen, die mich heute aus der Ruhe bringen, bin ich freundlich und geduldig gegenüber.

Sinnesspezifisch konkretisieren

Es muss herausgefunden werden, wie sich der Zielsuchende fühlen könnte, wenn das gewünschte Ziel erreicht ist? Besonders bei zwischenmenschlichen Konflikten ist dies ein wichtiger Punkt, um Zufriedenheit zu erreichen.

– Woher werden Sie wissen, wenn das Ziel erreicht ist?

– Was genau werden Sie sehen, hören, fühlen, oder auch riechen oder schmecken, wenn Sie dabei sind, Ihr Ziel zu erreichen? (V A K O G (Bild 9.5))

– Wo genau fühlen Sie es (im Körper)?

Tabelle 9.10: Beispiel; Ziel des Entwicklungsprojektes „Einführung eines PPS-Programms"

Woher werden Sie wissen, wenn das Ziel erreicht ist?	Meine Fragen nach dem aktuellen Stand des Projekts werden schnell beantwortet und halten auch der Prüfung stand.
Was genau werden Sie sehen, hören, fühlen, oder auch riechen oder schmecken, wenn Sie dabei sind, Ihr Ziel zu erreichen? (V A K O G)	Ich habe keine Verspannungen im Schulterbereich mehr (K). Ich beiße nicht die Zähne aufeinander (K). Ich bin konzentriert und erkenne schnell die Zusammenhänge (V).
Wo genau fühlen Sie es?	Ich bin entspannt und freundlich mit den Kollegen.

Tabelle 9.11: Beispiel; Selbstinitiierte Verhaltensänderung eines Mitarbeiters

Woher werden Sie wissen, wenn das Ziel erreicht ist?	Ich nehme meine Verärgerung wahr und kann sie selbst steuern.
Was genau werden Sie sehen, hören, fühlen, oder auch riechen oder schmecken, wenn Sie dabei sind, Ihr Ziel zu erreichen? (V A K O G)	Ich sehe auch die Fähigkeiten des Kollegen (V), der mich sonst aus der Ruhe bringt, und kann so freundlich und geduldig ihm gegenüber bleiben (K).
Wo genau fühlen Sie es?	Ich fühle mich der Situation gewachsen. Das gibt mir ein gutes Gefühl, sonst habe ich Magenschmerzen.

Kurzer Feedback-Bogen

Die Rückmeldung über den Erfolg soll kurz sein, damit er im Gedächtnis präsent und jederzeit abrufbar ist.

    – Woran können Sie sehen, wenn Ihr Ziel erreicht ist?

Tabelle 9.12: Beispiel; Ziel des Entwicklungsprojektes „Einführung eines PPS-Programms"

Woran können Sie sehen, wenn Ihr Ziel erreicht ist?	Meine Fragen nach dem aktuellen Stand des Projekts werden schnell beantwortet und halten auch der Prüfung stand.

Tabelle 9.13: Beispiel; Selbstinitiierte Verhaltensänderung eines Mitarbeiters

Woran können Sie sehen, wenn Ihr Ziel erreicht ist?	Ich bin ruhig und entspannt und habe ein gutes Gefühl im Magen.

Zielerleben, Zielverhalten müssen vom Zielsuchenden selbst initiierbar und aufrechterhaltbar sein

Damit das Zielerleben und Zielverhalten vom Zielsuchenden immer wieder initiierbar und aufrechterhaltbar ist, kann folgende klärende Frage helfen, das Ziel noch genauer zu definieren und zu festigen:

    – Angenommen, Sie könnten etwas lernen, das Sie diesem Ziel näher bringt, was wäre das?

Tabelle 9.14: Beispiel; Ziel des Entwicklungsprojektes „Einführung eines PPS-Programms"

Angenommen, Sie könnten etwas lernen, das Sie diesem Ziel näher bringt, was wäre das?	Ich könnte die Bedienung des Programms erlernen.

Tabelle 9.15: Beispiel; Selbstinitiierte Verhaltensänderung eines Mitarbeiters

Angenommen, Sie könnten etwas lernen, das Sie diesem Ziel näher bringt, was wäre das?	Ich lerne, die Fähigkeiten der anderen im Auge zu behalten.

Fragen zum Vertiefen und Stärken des gefundenen Ziels

Dieser Schritt eignet sich besonders zur Arbeit in Einzelgesprächen, nicht so sehr innerhalb einer Gruppe, denn hier wird „Arbeit an sich selbst" geleistet, die vielleicht nicht der Öffentlichkeit gezeigt werden soll.

Im Einzelgespräch, zum Beispiel mit einem unzufriedenen Mitarbeiter, kann sich das Gegenüber leichter öffnen und seine Bedenken und Befürchtungen darlegen.

Jeder Mensch hat Fähigkeiten, die ihm beim Erreichen, bzw. Finden eines Zieles helfen können. Er kann sie sich aus seinen eigenen Erfahrungen wieder ins Bewusstsein zurückrufen oder er kann sie bei anderen Menschen beobachten und sich wünschen, sie auch zu besitzen.

Erschließen der vorhandenen Fähigkeiten

Durch gezielte Fragen können solche Fähigkeiten an sich selbst oder einem Vorbild bewusst gemacht werden:

– Welche Fähigkeiten haben Sie generell, um von einem schwierigen Zustand in einen guten Zustand zu kommen? (mindestens drei Möglichkeiten nennen)

– Was machen andere Menschen, was würden andere Menschen tun, um das zu erreichen?

Tabelle 9.16: Beispiel; Selbstinitiierte Verhaltensänderung eines Mitarbeiters

Welche Fähigkeiten haben Sie generell, um von einem schwierigen Zustand in einen guten Zustand zu kommen?	Ich entspanne mich, indem ich mich locker hinsetzte. Ich atme tief durch. Ich denke an ein positives Erlebnis.
Was machen andere Menschen, was würden andere Menschen tun, um das zu erreichen?	Sie können sich in schwierigen Situationen auch einmal zurücklehnen und sich selbst beobachten.

Jedes Verhalten hat in einem gewissen Kontext einen Sinn. Es wird erst dann negativ, wenn der Kontext nicht mehr dazu passt. Das lässt sich zum Beispiel am Verhalten „Schreien" verdeutlichen. Um Hilfe zu schreien, ist sicher ein sinnvolles Verhalten. Seine Kinder oder Mitarbeiter anzuschreien, ist dagegen nicht unbedingt sinnvoll.

Da so jedes noch so negative Verhalten irgendwann einmal sinnvoll war, muss dieses alte Verhalten in diesem Zusammenhang gewürdigt werden. Damit bekommt der Zielsuchende eine Wahlmöglichkeit und kann über sein zukünftiges Verhalten frei entscheiden.

– Sie als erfahrener Mensch/ Profi haben in Ihrem Leben schon viele Dinge erlebt, die jetzt, in welcher Form auch immer, sehr nützlich sein können.

– Wann und wo wollen Sie das jetzige Verhalten unbedingt beibehalten, erleben können? (mindestens drei Möglichkeiten nennen)

– Welchen guten Zweck erfüllt das alte Verhalten?

– Wovor schützt es Sie?

Tabelle 9.17: Beispiel; Selbstinitiierte Verhaltensänderung eines Mitarbeiters

Sie als erfahrener Mensch haben in Ihrem Leben schon viele Dinge erlebt, die jetzt, in welcher Form auch immer, sehr nützlich sein können.	Ich lächle in mich hinein und denke an etwas Positives.
Wann und wo wollen Sie das jetzige Verhalten unbedingt beibehalten, erleben können?	Wenn ein Kollege sich herausredet. Wenn Gefahr in Verzug ist. Wenn Kollegen unvorbereitet in Besprechungen erscheinen.
Welchen guten Zweck erfüllt das alte Verhalten?	Ich beschleunige Prozesse.
Wovor schützt es Sie?	Vor Stillstand und Zeitverschwendung.

Weiter wird ihm damit auch ermöglicht, in Zukunft sein Verhalten verantwortlich einzusetzen.

– Welche Konsequenzen nehmen Sie in Kauf?

– Sind Sie bereit, den notwendigen Preis zu zahlen? Lohnt sich der Aufwand?

– Haben Sie jetzt, was Sie wirklich wollen?

Tabelle 9.18: Beispiel; Selbstinitiierte Verhaltensänderung eines Mitarbeiters

Welche Konsequenzen nehmen Sie in Kauf?	Ich muss hin und wieder mein Temperament zügeln.
Sind Sie bereit, den notwendigen Preis zu zahlen? Lohnt sich der Aufwand?	Ja, weil ich so von meinen Kollegen wichtige Dinge erfahre und ihre Fähigkeiten kennenlerne.
Haben Sie jetzt, was Sie wirklich wollen?	Ja.

Damit übernimmt er für sein Handeln die Verantwortung.

– Woran genau werden Sie erkennen, wann das neue und wann das alte Verhalten angezeigt ist?

– Was müssen Sie sehen, hören, fühlen, vielleicht riechen und schmecken, um zu wissen, dass es jetzt an der Zeit ist, das neue Verhalten auszuprobieren?

– Nennen Sie drei Situationen, wo das gerade Gelernte, nützlich für Sie ist?

Tabelle 9.19: Beispiel; Selbstinitiierte Verhaltensänderung eines Mitarbeiters

Woran genau werden Sie erkennen, wann das neue und wann das alte Verhalten angezeigt ist?	Wenn der Kollege wichtige Erkenntnisse erläutert, bleibe ich ruhig und geduldig.
Was müssen Sie sehen, hören, fühlen, vielleicht riechen und schmecken, um zu wissen, dass es jetzt an der Zeit ist, das neue Verhalten auszuprobieren?	Ich bin entspannt und zuversichtlich.
Nennen Sie drei Situationen, wo das gerade Gelernte, nützlich für Sie ist?	In der Fortschrittsbesprechung, in der viele Kollegen vortragen. Ich höre meiner Frau und meinen Kindern besser zu. Ich konzentriere mich auf die wesentlichen Punkte eines Gesprächs.

9.2.2.3 Weitere klärende Fragen

Die Sprache hat eine Oberflächen- und eine Tiefenstruktur. Die Oberflächenstruktur bezeichnet das, was wörtlich gesagt wird. Die Tiefenstruktur das, was wirklich gemeint ist, also den inhaltlich vollständigen Satz.

Wenn man Zweifel an einer Aussage hat, also Fehlgeformtheiten heraushört (Tabelle 9.20 und Tabelle 9.21), sollten diese hinterfragt werden, um die Tiefenstruktur sichtbar und damit das tatsächlich Gesagte zugänglich zu machen.

Fehlgeformtheiten der Sprache

Tabelle 9.20: Tilgungen und Generalisierungen

Tilgungen	
Verbtilgung	Ich freue mich.
Vergleichstilgung	Er ist dümmer.
Adverbtilgung	Offensichtlicherweise mögen sie mich nicht.
Modaloperatoren	Ich muss, es ist notwendig, es ist unmöglich ......
Generalisierungen	
Fehlender Bezugsindex	Wir wollen uns nicht weiter aufregen.
Universalquantoren	alle, sämtliche, niemand, jeder
Symmetrische Prädikate	streiten, reden, kämpfen (dazu gehören mindestens zwei)
Asymmetrische Prädikate	Lächeln, schlagen, streicheln (nur ein Handelnder notwendig)
x oder y	Ich muss mich um andere sorgen, sonst mögen sie mich nicht.
Komplexe Generalisierungs-Äquivalenz	Mein Kollege lächelt nie; er mag mich nicht.
Unvollständig spezifizierte Verben	Meine Chefin macht mich verrückt.

Tabelle 9.21: Verzerrungen und semantische Fehlgeformtheiten

Verzerrungen	
Nominalisierungen	Diese Entscheidung zu verwirklichen, bedrückt mich.
Vorannahmen	Wenn er so langsam ist wie sein Vater, bringt das nichts.
Semantische Fehlgeformtheiten	
Ursache- Wirkung	Meine Kollegin macht mich aggressiv.
Implizierter Kausativ	Ich möchte einen anderen Job, aber ich habe keine Zeit für Bewerbungen.
Gedankenlesen	Sie akzeptiert mich nicht.
Verlorenes Performativ	Es ist falsch, sich immer wieder neu zu entscheiden.

Problemlösungsorientierte Fragen

Durch die „richtige" Fragestellung (Tabelle 9.22) können Aussagen vertieft werden. Aber das Gegenüber kann damit auch aus der Reserve gelockt werden. Damit können eventuelle Probleme angesprochen und gelöst werden.

Tabelle 9.22: Vertiefende Fragen zu einigen Aussagen

Aussage	klärende Frage
Ich habe ein Problem.	Womit? Wie äußert sich das Problem?
Ich weiß nicht, was ich sagen soll.	Wozu möchten Sie etwas sagen?
Jeder weiß, dass man nicht gewinnen kann.	Wirklich jeder?
Weglaufen nützt nichts.	Wovor wollen Sie weglaufen? Was sollte es nutzen?
Sie ist besser für mich.	Was ist gut für Sie? Wofür?
Es ist unmöglich, jemandem zu vertrauen.	Vollständig unmöglich? Warum ist es unmöglich? Wann ist es unmöglich?
Man soll auf andere Rücksicht nehmen.	Wer sagt das? Warum sollten Sie auf andere Rücksicht nehmen? Warum sollte man auf andere Rücksicht nehmen?
Alle Leute sind gemein zu mir.	Wer sind alle Leute? Wie sind sie genau zu Ihnen? Alle?
Ich nehme Ihnen die Fragerei übel.	Welche Fragen genau? Sind es bestimmte Fragen?
Die Entscheidung herzukommen war schwer.	Wie war der Entscheidungsprozess? Warum war die Entscheidung schwer?
Wenn Paul mich weiter ablehnt, besuche ich ihn nicht mehr.	Warum denken Sie, dass Paul sie ablehnt? Was hat das eine mit dem anderen zu tun?
Die Überzeugungen meines Kollegen machen mir Sorgen.	Welche Sorgen machen Sie sich? Welche Überzeugungen genau?

Tabelle 9.22: *Fortsetzung*

Ich würde gerne mitfahren, aber meine Schwester ist krank.	Was hat Ihre Schwester damit zu tun?
Mein Mann denkt nie an mich.	Woher wissen Sie, dass er nie an Sie denkt?
	Was wäre, wenn er an Sie denkt?
	Wirklich nie?
Meine Kollegin ist arrogant.	Wie äußert sich das in ihrem Verhalten?

9.3 Testen Sie Ihre Fortschritte

Am Ende dieses Kapitels haben Sie wieder die Möglichkeit, Ihr Wissen zu überprüfen. In Tabelle 9.23 können Sie die Fragen beantworten. Die Auswertung des Tests finden Sie in Kapitel 11.

Tabelle 9.23: *Test zum Kapitel 9: Welche Aussagen sind richtig oder falsch?*

Nr.	Frage	richtig	falsch
1	Beim Brainstorming geht Qualität vor Quantität.	☐	☐
2	Eine *Mind-Map* ermöglicht unstrukturiertes Arbeiten mit *neuronalen Strukturen*, das der rechten Hirnhälfte entspricht.	☐	☐
3	Das genaue Hinterfragen hilft, diese Konfliktherde aufzuspüren und zu lösen.	☐	☐
4	Das Ziel einer Diskussion ist häufig, einen Suchprozess zur Klärung oder Übersetzung einer Zielvorgabe einzuleiten.	☐	☐
5	Der Mensch hat 6 Sinnesorgane.	☐	☐
6	Das Pene-Trance-Modell kann nur bei der Definition eines Projektzieles eingesetzt werden.	☐	☐
7	Der Ratsuchende oder das Teammitglied muss keine Verantwortung für sein Handeln übernehmen.	☐	☐
8	Tilgungen und Generalisierungen müssen hinterfragt werden, um den tatsächlichen Inhalt einer Aussage zu erhalten.	☐	☐

10 Zusammenfassung

Projekte sind zeitlich begrenzte Unternehmen, die einen klar definierten Anfang und ein ebenso klar definiertes Ende haben. Dadurch unterscheiden sie sich von der kontinuierlichen Arbeit einer Organisation.

Jedes erfolgreiche Projekt wird in vier Phasen unterteilt: Definition, Planung, Durchführung und Abschluss (Bild 10.1).

Bild 10.1: *Die vier Phasen eines Projektes*

Es ist für den Erfolg eines Projektes äußerst wichtig, dass es vor dem Beginn klar definiert wird. Jede Definition beinhaltet die Leistungskriterien, die den erfolgreichen Abschluss des Projektes bestimmen. Sobald das Projekt in Gang ist, wird es zwangsläufig zu Änderungen dieser Kriterien kommen. Wichtig dabei ist aber, dass alle Änderungen mit den voraussehbaren Auswirkungen auf Zeitplan und Budget vertraglich festgehalten werden.

Ein erfolgreiches Projekt führt zu dem erwarteten Ergebnis, und zwar zum erwarteten Zeitpunkt und im Budgetrahmen. Deshalb werden in der Planungsphase die drei Projektparameter definiert: Die Spezifikationen legen den Qualitätsmaßstab fest. Die Termine werden durch einen genauen Zeitplan, die notwendigen Kosten werden in einem Budget festgelegt.

Um das Projekt durchzuführen, wird ein Projektteam zusammengestellt. Dies macht eine Projektorganisation notwendig. Die Aufgaben und Verantwortungen werden verteilt. Die Mitarbeiter werden in ihre Aufgaben eingewiesen. Bei großen Projekten werden Verfahren und Richtlinien (Job Procedures) erstellt, um die Tätigkeit des Teams während der Durchführung sicherzustellen.

Der Projektleiter hat nicht nur zu Beginn des Projektes viele unterschiedliche Aufgaben (Tabelle 10.1). Er muss die Arbeit der verschiedenen Gruppen abstimmen und den Fortschritt des Projektes überwachen. Bei Abweichungen der geplanten Größen muss er korrigierend eingreifen. Es wird von ihm erwartet, dass er das Team motiviert, indem er Feedback gibt, dass er die notwendigen Verhandlungen führt und zur Beilegung von Meinungsverschiedenheiten beiträgt.

Das Projektziel ist, dem Auftraggeber das vereinbarte Ergebnis zu liefern. Bevor das Projekt jedoch vollständig abgeschlossen ist, sind noch einige Arbeiten zu erledigen: das Schreiben der Dokumentation, die Durchführung von Schulungen des Bedienpersonals, die Entsorgung des überschüssigen Materials und der Geräte, die Bewertung der gemachten Erfahrungen, der Abschluss durch eine Abnahmeprüfung, das Schreiben eines Berichts zum Projektabschluss und die Durchführung eines Projektrückblicks mit dem Kern des Projektteams.

Doch nicht jedes Projekt verlangt bei dieser Tätigkeit dieselbe Aufmerksamkeit. Es hängt dabei von der Art, der Größe, dem Umfang und der Organisation des Projektes ab, in die es eingebunden ist. Jeder Projektleiter wird selbst entscheiden, welche Maßnahmen sinnvoll sind.

Tabelle 10.1: Maßnahmenliste für ein Projekt

1	Das Projekt definieren	☐
2	Eine Strategie auswählen	☐
3	Spezifikationen entwickeln	☐
4	Einen Zeitplan entwickeln	☐
5	Ein Budget entwickeln	☐
6	Das Projektteam organisieren	☐
7	Aufgaben und Pflichten zuteilen	☐
8	Neue Mitarbeiter trainieren	☐
9	Den Fortschritt überwachen	☐
10	Korrekturmaßnahmen ergreifen	☐
11	Feedback geben	☐
12	Endgültiges Ergebnis testen	☐
13	Ergebnis an den Auftraggeber liefern	☐
14	Betriebsanleitungen schreiben	☐
15	Bedienpersonal schulen	☐
16	Projektmitarbeiter versetzen	☐
17	Überschüssiges Gerät und Material entsorgen	☐
18	Einrichtungen und Räumlichkeiten freistellen	☐
19	Leistung des Projektes bewerten	☐
20	Schlussprüfung durchführen	☐
21	Projektbericht fertigstellen	☐
22	Projektrückblick mit den Kernmitarbeitern durchführen	☐

11 Testauswertung

Test zum Kapitel 3:

1	f	2	f	3	r	4	r	5	f
6	f	7	r	8	r	9	r	10	f

Test zum Kapitel 4:

1	f	2	r	3	r	4	r	5	r
6	f	7	r	8	r	9	r	10	r
11	r	12	f	13	f	14	f	15	r

Test zum Kapitel 5:

1	f	2	r	3	r	4	f	5	r
6	f	7	r						

Test zum Kapitel 6:

1	f	2	r	3	r	4	f	5	f
6	r	7	f	8	r	9	f	10	f
11	r	12	f	13	r	14	r	15	f
16	r	17	f	18	f	19	r	20	f

Test zum Kapitel 7:

1	f	2	r	3	f	4	f	5	f
6	r	7	r	8	f	9	r	10	r

Test zum Kapitel 9:

1	f	2	r	3	r	4	r	5	f
6	f	7	f	8	r				

Anhang: Formulare

Formular 1: Bericht zum Projektabschluss

Projekt:		Projektnummer:	
Projektleiter:		Datum:	
Projektziel:			
Projektorganisation:			
Beschreibung der Leistung:			
wichtige Ereignisse/ kritische Probleme:			
Projektkosten:			
Unterschriften:	Geschäftsführung	Projektleiter	

Formular 2: Einzelaktivitäten des Projektes

	Projektleiter:				Projektnummer:			
					Datum:			
					Blatt:		von	
	Aktivität/ Vorgang	Beginn	Ende	Dauer	Lfd. Nr. des Vorgängers		Ressource	benötigte Zeit
1								
2								
3								
4								
5								

Formular 3: Projektantrag

Projekt:		Projektnummer:		
Projektbeschreibung:			geplanter Start:	geplantes Ende:
Projektleiter:		Projektteam:		
Aufwandschätzung		Stunden	€	
	Arbeit			
	Gemeinkosten			
	Material			
	Ausrüstung			
	Gerätemieten			
	Nebenkosten			
	Gewinn			
Gesamtkosten				
Anlagen				
Profitanalyse ☐	Kalkulation ☐	Investition ☐	Risikoanalyse ☐	
Datum:	Antragsteller:			
Genehmigung:	Geschäftsführung:		Datum:	

Formular 4: Bewertung der Arbeitsatmosphäre im Team?

	Thema	trifft nicht zu	weiß nicht	trifft zu
1	Das Klima ist unbürokratisch, behaglich und entspannt.			
2	Die Rollen, Zuständigkeiten und Vollmachten sind geklärt.			
3	Wir nehmen uns Zeit, einander unsere Zielvorstellungen und Erwartungen mitzuteilen.			
4	Es werden klare Vereinbarungen getroffen und akzeptiert.			
5	Die Mitglieder sind bereit, an der Verwirklichung der Projektziele mitzuarbeiten.			
6	Wir halten uns an getroffene Entscheidungen und setzen sie um.			
7	Wir können offen über Unsicherheiten und Ängste sprechen.			
8	Meinungsverschiedenheiten werden restlos geklärt und individuelle Standpunkte werden berücksichtigt.			
9	Wir investieren in die Kontrolle unserer Poblemlösungsstrategie Zeit.			
10	Beschlüsse werden auf der Basis der Übereinstimmung gefasst.			
11	Wir sprechen über die Qualität unserer Zusammenarbeit.			

Formular 5: *Projektleiteraufgaben/ -kompetenzen für ein Projekt*

Projekt:	**Projektnummer:**	
Projektbeschreibung:		
Projektleiter:	**Stellvertreter:**	
Projektteam:		
Projektgesamtkosten:		
Aufgaben	Planung/ Durchführung des Projektes:	
	Projektorganisation/ -dokumentation	
	Arbeitsdelegation an die Fachabteilungen	
	Überwachung/ Steuerung hinsichtlich der Leistung/ Termine/ Kosten	
	Report an den Lenkungsausschuss	
Kompetenz:	Zeichnungsberechtigt in Höhe des Projektbudgets	
	Gegenzeichnung durch die Geschäftsleitung ab €	
	Weisungsbefugt gegenüber dem Projektteam, inklusive der projektbezogenen Weisungsbefugnis auf im Projektteam integrierte Vorgesetzte	
Datum:	**Unterschriften:**	

Formular 6: *Mitglieder des Projektteams*

Projekt:				
Projektnummer:				
Datum:				
Name	**Kurzzeichen**	**Telefon**	**Fax**	**E-Mail**

Formular 7: Organisation des Projektteams

Projekt:		Projektnummer:		
Projektleiter:		**Datum:**		
		trifft zu	weiß nicht	trifft nicht zu
1	Wurde ein Projektleiter (und dessen Stellvertreter) ernannt?			
2	Besitzt der Projektleiter bereits Projekterfahrung?			
3	Wurden Fachprojektleiter (und deren Stellvertreter) benannt?			
4	Besitzt das Projektteam bereits Projekterfahrung?			
5	Wurde die Terminplanung mit dem Projektteam abgestimmt?			
6	Wird der Terminplan regelmäßig überarbeitet und neu generiert?			
7	Werden regelmäßig Projektsitzungen abgehalten?			
8	Wurde der Projektablauf mit dem Projektteam abgestimmt?			
9	Wurde das Projektteam auf die Informationsbringepflicht hingewiesen?			
10	Wird das festgelegte Freigabe- und Änderungsverfahren eingehalten?			
11	Werden die Zulieferer regelmäßig überprüft?			

Formular 8: Risikoanalyse während der Projektplanung

Projektleiter:		
Projekt:		
Projektnummer:		
A	Technische Risiken	Materialzusammensetzung	
		Materialverfügbarkeit	
		Maschinenbelegung	
		Montage	
B	Wirtschaftliche Risiken	Finanzierung	
		Verträge	
		Information	
		Dokumentation	
		Patente	
C	Politische Risiken	Welche Rechtsprechung kommt zur Anwendung?	
		Welche Einfuhr-/ Ausfuhrbestimmungen gelten?	
		Welche Zollbeschränkungen gelten?	
		In welcher Währung wird abgerechnet?	
		Kapitaltransfer?	
D	Risikofaktor "Mensch"	Projektleiter	
		Projektteam	
		Fachwissen Projektleiter/ -team	
		Erfahrung Projektleiter/ -team	
		Know-how Projektleiter/ -team	

Formular 9: *Feedback zum Projektabschluss*

Projekt:		Projektnummer:			
		Datum:			
Entscheiderkreis? ☐		Steuerkreis? ☐			
		Schulnoten			
		1	2	3	4	5
1	Wie zufrieden waren Sie mit der ersten Ansprache, Beschreibung der Aufgabenstellung sowie der Zielfindung durch das Projektteam?					
2	Wie zufrieden waren Sie mit der Betreuung Ihrer Projekttätigkeit durch die Projektleitung und das Planungsteam?					
3	Wie zufrieden waren Sie mit der Kommunikation in den Projektgruppen bzw. Koordinationsgesprächen?					
4	Waren wichtige Funktions-/Entscheidungsträger in der Projektstruktur nicht berücksichtigt?					
5	Wie hoch schätzen Sie Ihren Beitrag zur Problemlösung im Sinne der Zieldefinition?					
6	Wie schätzen Sie das Projekt bezüglich der Realisierung aller Teil-/ Projektziele ein?					

Formular 10: *Monatsbericht des Projektes*

Projektnummer:	Datum:		verantwortlich:
Leistung im Berichtsmonat:			
Terminsituation:			
Abweichungen:			
Vorgesehene Maßnahmen:			

Formular 11: Anforderungsprofil des Projektleiters

Name:				
	Kriterien	**hoch**	**mittel**	**niedrig**
1	**Fachkompetenz**			
1. 1	Technisches Know-How			
1. 2	Kenntnis der Unternehmensstruktur			
1. 3	Kenntnis der Informationswege			
1. 4	Kenntnis der Ablaufstrukturen			
1. 5	Projektmanagementerfahrung			
2	**Methodenkompetenz**			
2. 1	Kenntnis der Planungstechniken			
2. 2	Kenntnis der Methoden zu Kapazitäts-/ Kostenplanung			
2. 3	Kenntnis der Meilenstein-Trendanalyse			
2. 4	Kenntnisse der Risikoanalyse			
2. 5	Kenntnis des Änderungsmanagements			
2. 6	Kenntnis der Methoden des Vertragsmanagements			
2. 7	Kenntnis des Qualitätsmanagements			
2. 8	Kenntnis der Präsentationstechniken			
2. 9	Akzeptanz im Unternehmen			
2. 10	Kenntnis der Kreativitätsmethoden			
2. 11	Kenntnis der Kommunikationstechniken			
2. 12	Kenntnis des Selfmanagements			
3	**Sozialkompetenz**			
3. 1	Eigeninitiative			
3. 2	Zielstrebigkeit			
3. 3	Durchsetzungsvermögen			
3. 4	Einfühlungsvermögen			
3. 5	Organisationstalent			
3. 6	Verhandlungsgeschick			
3. 7	Motivationsfähigkeit			
3. 8	Delegationsvermögen			
3. 9	Kritikfähigkeit			
3. 10	Konfliktfähigkeit			
3. 11	Lernbereitschaft			
3. 12	Kommunikationsfähigkeit			
	- aktives Zuhören			
	- verständlicher Ausdruck			

Formular 12: Risikoanalyse während der Projektdurchführung

Projekt:					Projektnummer:		
Projektleiter:			Unterschrift:		Datum:		
Aufgabe	Risiko	Risikograd 1-10 (niedrig-hoch)	Ursache	Aus-wir-kung auf	Maßnahmen	vorbeu-gend	korrigie-rend

Literaturverzeichnis

2.1   Deutsches Institut für Normung e. V., DIN 69901, Beuth Verlag GmbH, Berlin, Stand August 1987,

2.2   Hansel, J./ Lomnitz, G., Projektleiter-Praxis-Erfolgreiche Projektabwicklung durch verbesserte Kommunikation und Kooperation, Springer-Verlag, Berlin, 1987

2.3   Schelle, Heinz, Projekte zum Erfolg führen, Beck-Wirtschaftsberater im dtv, München, 1996

5.1   Hofstetter, H., Der Faktor Mensch im Projekt, In: Schelle, H., Reschke, H., Schnopp, R., Schub A. (Hrsg.): Loseblattsammlung „Projekte erfolgreich managen", Veröffentlichungen des Verbands Deutscher Maschinen- und Anlagenbau e. V., Köln, 1994

6.1   Seiwert, Lothar J., Das 1 x 1 des Zeitmanagements, Knaur Ratgeber, 1987

6.2   Covey, Stephen R./ Merrill, A. Roger/ Merrill, Rebecca R., First Things First, Fireside by Simon & Schuster, New York, 1995

6.3   Covey, Stephen R./ Merrill, A. Roger/ Merrill, Rebecca R., Der Weg zum Wesentlichen: Zeitmanagement der vierten Generation, Campus Verlag, Frankfurt/ M., New York, 1999

6.5   Weyer, Simone; Konfliktmanagement im Projekt, Diplomarbeit FH Bochum, Fachbereich Wirtschaft, 2004

6.6   Motamedi, Susanne, Konfliktmanagement. Vom Konfliktvermeider zum Konfliktmanager. Grundlagen, Techniken, Lösungswege. Offenbach, 2. Auflage, 1999

6.7   Wazlawick, Paul, Anleitung zum Unglücklichsein; Piper; 2003

6.8 a   Gerda Süß, Dieter Eschlbeck, Der Projektmanagement-Kompass. So steuern Sie Projekte kompetent und erfolgreich. Braunschweig, 1. Auflage, 2002

6.8 b   Gabriele Birker, Klaus Birker, von Pepels, Werner (Hrsg.), Teamentwicklung und Konfliktmanagement, Effizienzsteigerung durch Kooperation, Berlin, 1. Auflage, 2001

6.9   Haeske, Udo, Team- und Konfliktmanagement. Teams erfolgreich leiten, Konflikte konstruktiv lösen. Berlin, 1. Auflage 2002

8.1   Kuppinger, Martin/ Reister, Steffen, Jäger Matthias, Microsoft Project 2002 - Das Handbuch -, Microsoft Press Deutschland, 2003

8.2   Produktinformationen zu Microsoft Project 2002, Microsoft GmbH

9.3   Schulz von Thun, Friedemann, Miteinander reden, rororo Rowohlt Verlag, Reinbek bei Hamburg, 1994

9.4   Lohmann, Friedrich. Konflikte lösen mit NLP, Techniken für Schlichtungs- und Vermittlungsgespräche, Paarberatung und Mediation, nach Virginia Satir, John Grinder und Thies Stahl, Paderborn, 2003

9.5   Covey, Stephen R./ Merrill, A. Roger/ Merrill, Rebecca R., First Things First, Fireside by Simon & Schuster, New York, 1995

9.6   Schmidt-Tanger, Martina/ Kreische, Jörn, NLP-Modelle. Fluff & Facts, VAK Verlag für angewandte Kinesiologie GmbH, Freiburg im Breisgau, 1994

Weitere Literaturangaben

Brehler, Reiner/ Steinwachs, Hans O., Management im Konstruktionsbüro, Verlag Moderne Industrie, Landsberg/ Lech, 1990

Dulabaum, Nina L., Mediation: das ABC, die Kunst, in Konflikten erfolgreich zu vermitteln, Weinheim, 4. neu ausgestattete Auflage, 2003

Eissing, Günter u. a., Arbeitsorganisation in Klein- und Mittelbetrieben- Das Taschenbuch für den Praktiker/ hrsg. vom Institut für Angewandte Arbeitswissenschaft e. V., Wirtschaftsverlag Bachem, Köln, 1993

Ernst, Heiko, Können wir unserem Bauchgefühl vertrauen?, Psychologie heute, 03/ 2003, S. 20 ff

Eyer, Eckhard (Hrsg.), Report Wirtschaftsmediation, Krisen meistern durch professionelles Konflikt-Management, Düsseldorf, 1. Auflage, 2001

Glasl, Friedrich, Konfliktmanagement. Ein Handbuch für Führungskräfte, Beraterinnen und Berater, Bern, 7. Auflage, 2002

Haynes, Marion E., Projekt-Management - Von der Idee bis zur Umsetzung -, Wirtschaftsverlag Carl Ueberreuter, Wien, 1996

Kunow, A., Projektmanagement, Vorlesungsskript. Fachhochschule Bochum, 1998

Kunow, A., Projektmanagement, Seminar im Innovationszentrum der Mansfeld Maschinen- und Anlagenbau GmbH, Eisleben, Seminarunterlagen, 1996

Litke, Hans- D., Projektmanagement: Methoden, Techniken, Verhaltensweisen, Carl Hanser Verlag, München/ Wien, 1991

Mehrmann, Elisabeth/ Wirtz, Thomas, Effizientes Projektmanagement, ECON Taschenbuch Verlag, Düsseldorf, 2. Auflage, 1996

Meise, Sylvie, Hör doch mal zu!, Psychologie heute, 07/2003, S. 46 ff

Michel, Reiner M., Projektcontrolling und Reporting, Sauer Verlag, Heidelberg, 1989

Motamedi, Susanne, Körpersprache – schwere Sprache, Psychologie heute, 10/1996, S. 52 ff

Naumann, Frank, Diplomatie: Der sanfte Weg zum Sieg, Psychologie heute, 11/ 2003, S 64 ff

Schwarz, Gerhard, Konfliktmanagement, Konflikte erkennen, analysieren, lösen, Wiesbaden, 4. Auflage, 1999

Stoss, Karl/ Botschen, Günther, Management der Strategischen Geschäftseinheiten, Verlag Gabler, Wiesbaden, 1993

Verband Deutscher Maschinen- und Anlagenbau e. V., Abt. Betriebswirtschaft und Informatik, Projekt- Controlling bei Anlagengeschäften- BwV 187, Maschinenbau- Verlag GmbH, Köln, 2. Auflage, 1982

Will, Franz, Was bremst mein Team? 20 Situationen und ihre Lösungen, Weinheim, Originalausgabe, 2002

Wolf, Axel, Macht: Wer dominiert wen?, Psychologie heute, 01/1999, S 20

Sachwörterverzeichnis

Integrierte Produktion

Logistiknetze

Mit Supply Chain Management erfolgreich kooperieren

Das Buch erklärt die logistischen Grundbegriffe, schildert die Entwicklung von Logistiknetzen, leitet die grundlegenden Strukturen her und modelliert eine allgemeine Systematik. Dieses Buch bietet eine systematische, herstellerunabhängige Einführung in IT-gestützte Tools für Logistiknetze. Es erklärt die Algorithmen und beurteilt deren Anwendbarkeit. Planungsfunktionen von Bedarfsvorhersage über Sicherheitsbestand und Controlling bis Optimierung werden behandelt. Alle Kapitel beginnen mit einem Überblick über Grundsätze, Funktionen und Strukturen; anschließend folgen Dateistrukturen, durchgerechnete Beispiele und Algorithmen.

von Helmut Kernler
2003. X, 205 Seiten, Softcover
€ 39,-
ISBN 3-7785-2892-0

Embedded Internet in der Industrieautomation

Einsatz von Internet- und Intranet-Technologien

Nach einer Einführung in das Internet und hinsichtlich möglicher Anwendungen in der Automatisierungstechnik werden transportorientierte Protokolle und Technologien sowie anwendungsorientierte Protokolle und Server ausführlich behandelt. Dabei wird auf Programmierschnittstellen, Diagnosemöglichkeiten, Fernwartung und Fernbedienung per Web-Browser, Telnet sowie WLAN- und Bluetooth-Funknetzwerke eingegangen. Anschließend werden zahlreiche, anwendungsbezogene Integrationsbeispiele und Lösungskonzepte vorgestellt. Desweiteren werden die Grundlagen der Internet-Inhalte, HTML, XHTML, WML und XML, behandelt.

von Klaus-D. Walter
2004. XIII, 232 Seiten, Softcover mit CD-ROM
€ 39,80
ISBN 3-7785-2899-8